어린이는 어린이

〈땡땡 유치원〉을 만든 사람들
이지현·김정재 PD

문예출판사

- 이 책에 수록된 모든 이미지는 ㈜문예출판사가 콘텐츠 이용 계약을 맺고 저자와 EBS를 통해 제공받았으며 개별 초상권자의 허락을 받아 수록한 자료이므로 무단 복제와 이용을 금합니다.

Editor's Note

어린이는 어린이

　김정재 PD가 글에 쓴 것처럼 나도 1980년대에 태어나 EBS 〈딩동댕 유치원〉을 보며 자란 '〈딩동댕 유치원〉 졸업생'이다. 그러나 그로부터 30여 년이 훌쩍 지나 이제는 어렴풋한 기억 속에 '동이 언니'가 스쳐 지나갈 뿐.
　2023년 내가 기획, 편집한 책 《공정감각》의 저자 인터뷰가 실린 잡지 《빅이슈》 12월호를 받아보았다. 커버스토리로 실린 〈딩동댕 유치원〉 기사가 눈에 띄었다. '요즘도 〈딩동댕 유치원〉을 하네?' 하는 반가움에 〈딩동댕 유치원〉을 만드는 프로듀서들의 인터뷰 기사를 읽다가 '요즘 〈딩동댕 유치원〉이 이래?' 하는 놀라움으로 방송 영상과 관련 기사들을 홀린 듯이 더 찾아보게 되었다.
　EBS 〈딩동댕 유치원〉은 1982년 5월 31일 첫 방송을 시작으로 40여 년간 한국의 사회적, 문화적 변화에 발맞춰 함께해온 유아동 교육용 텔레비전 프로그램이며 국내 최장수 어린이 프로그램이다. 이 책은 2022년 어린이날 100주년을 기념해 프로그램을 전면 개편하면서부터 2025년 3월까지 혁신적이고 다양한 시도를 통해 〈딩동댕 유치원〉°에 어느 때보다 큰 변화를 만들어온 두 연출자의 프로그램 제작기이자 유아동 교육, 사회 문화 비평이 담긴 에세이다.

〈딩동댕 유치원〉의 가장 두드러진 변화, 지향점은 '다양성 교육'이다. 신체장애가 있어 휠체어를 사용하고 늘 궁금증이 많은 하늘이, 하늘이와는 쌍둥이 남매로 태권도와 달리기를 좋아하는 씩씩한 소녀 하리, 책과 이야기를 사랑하고 상냥한 성격을 지닌 조손 가정의 어린이 조아, 멕시코계 이주민 다문화 가정의 명랑한 성격을 지닌 마리, 자폐 스펙트럼을 가진 자동차 박사 별이, 〈딩동댕 유치원〉의 마스코트이자 유기견 출신의 강아지 댕구와 원장 선생님인 딩동샘까지. 다양한 개성을 가진 입체적인 캐릭터들이 서로 어우러져 풍성한 이야기를 펼쳐 보인다.

'내 인생의 화두'라고 하면 너무 거창한 것 같지만, 아주

○ 2022년 5월 2일부터 2025년 3월 21일까지 방영(연출: 이지현·김정재·안미라·원은서 외, 작가: 정명·오은령·박성욱·원노해·홍혜영 외)

오랜 시간 내 안에서 끊임없이 생각하고 곱씹었던 주제가 '다양성'이었다. 서울 용산구 이태원동에서 나고 자라 30년 넘게 그곳에서 거주한 나는 어릴 적부터 미군 부대와 인접하고 해외 각국 대사관저가 모인 대사관로에 살았다. 영어 간판을 단 상점들, 펍과 클럽이 즐비한 거리를 지나 학교와 성당을 오갔다. 지금도 매주 다니는 그 자그마한 성당은 우리나라에서 처음 건립되었고 규모도 가장 큰 이슬람 사원과 엎어지면 코 닿을 정도로 가까이 마주 보고 있다. 거주지의 입지적 특성상 길거리와 일상적인 장소에서 매일 같이 인종, 국적, 종교, 성정체성에 이르기까지 다양한 개성과 정체성을 지닌 사람들을 만났고, 그들과 이웃해 어울려 살았다.

대학에서 내 전공이 아닌 사회학에 호기심이 생겨 개론 수업을 신청해 들었다. 제노포비아니, 호모포비아니 하는 사회 현상에 관해 알게 되었고 왜 우리는 자신 혹은 자기가 속한 무리와 다른 정체성을 가진 사람을 혐오하는가에 대한 진지한 의문을 처음 품게 되었다.

이주민, 다문화 가정에 대한 배척과 혐오에 관한 기사, 그들을 희화하거나 조롱하는 예능 프로그램을 볼 때마다 나는 우리 가족과 종종 음식을 나눠 먹던 이주민 이웃, 은행이나 우체국, 지하철역에서 일상적으로 인사와 작은 도움을 주고받던 이주민과 외국인들이 떠올라 자주 언짢아지곤 했다. 성소수자 혐오 집회나 동성애 반대 집회를 볼 때마다, 그리고 몇 해 전 어느 도시의 일부 주민들이 이슬람 사원 건립에 반대해 공사장 앞에서 돼지머리를 전시하고, 바비큐 파티를 벌였다는 뉴스를 접했을 땐 그야말로 참담한 기분이었다.

친구들과 성당 마당에서부터 이슬람 사원 언덕까지 달리기 시합을 하고 성당과 사원 구석구석을 쏘다니며 숨바꼭질하던 즐거운 기억과 함께 내 안에 오래 품어온 질문이 다시 떠올랐다.

'일단 만나서 살 부대끼며 같이 살아보면 사람들이 다 똑같다는 걸 알게 될 텐데. 아이들은 편견도 차별도 없는데 어른들이, 사회가 자신과 다른 존재에 대한 편견과 차별, 혐오를 아이들에게 가르치고 있는 건 아닐까?' '그렇게 자라난 어른들은 자신과 다른 정체성을 지닌 존재들과 어떻게 공존할 수 있을까?' '편견과 차별이 만연한 사회에서 자신이 사람들과 다른 개성과 정체성을 가지고 있을 때 그 사람은 어떻게 살아가야 하는가?' 하는 생각들이 꼬리에 꼬리를 물었다.

30여 년 만에 우연히 다시 만난 세계, 〈딩동댕 유치원〉은 반가웠고 놀라웠다. 우리 사회에서 소수자 혹은 사회적 약자로 구성되고 규정된 다양한 정체성을 가진 캐릭터를 TV로, 그것도 어린이 프로그램으로 아이들이 매일 접하고 있다니! 추구하는 방향은 명확했고, 구현하는 방법은 세심하며 사려 깊었다. 사실 어린이 프로그램에서 사회 문제를 다루고 사회적 감수성을 건드린다는 게 말로만 들어도 조심스럽고 막막하다. 게다가 손가락 하나만 까딱하면 눈과 귀를 사로잡는 자극적이고 강렬한 콘텐츠들이 쏟아져나오는 요즘은 경쟁에서 살아남기 더 어렵다.

그럼에도 〈딩동댕 유치원〉은 주 시청자인 어린이뿐만 아니라 양육자, 나아가 나처럼 양육이나 자녀 교육과는 무관한 성인들까지 즐기고 참고할 만한 시의성 있는 주제와 유익한 내용을 재미까지 더해 담아내고 있었다. 단순히 '다양성을 존중해야 한다'라는 도덕적 메시지를 주입하는 것이 아니었다. "장애가 있는 친구와는 어떻게 지내면 좋을지 아이에게 어떻게 설명해줘야 할까, 고민이었는데 아이와 〈딩동댕 유치원〉을 함께 보며 알게 되었다"라는 시청자 게시판의 후기가 보여주듯 나와 다른 개성을 지닌 친구를 통해 자신에 대한 이해가 더욱 깊어지고 모두의 친구가 되는 자신감 있는 어린이, 넓은 시야로 세상을 바라보며 지혜롭고 창의적인 사람으로 자라나게 하는 교육이었다.

밀레니얼 세대인 내가 최근 〈딩동댕 유치원〉을 다시 보면서 어릴 적 AFKN(현 AFN) 채널로 즐겨 봤던 〈세서미 스트리트 Sesame Street〉에 대한 오래 묵은 기억을 새삼 꺼내게 된 것도 개인적으로 재밌었던 지점이다. 이 책의 저자들 역시 50년 넘게 140여 개국에서 방영되며 전 세계 어린이들에게 사랑받고 있는 '어린이 프로그램의 바이블' 〈세서미 스트리트〉를 본

보기 삼아 프로그램 기획과 제작에 여러모로 참고했다고 한다. 다양한 개성을 지닌 캐릭터를 등장시키며 일찍이 청각 장애가 있는 린다, 다운증후군을 가진 제이슨, 자폐 스펙트럼을 가진 줄리아, 첫 아시아계 캐릭터로 한국계 미국인 지영 등을 선보인 〈세서미 스트리트〉 역시 인구 감소, 수많은 플랫폼의 등장과 콘텐츠 경쟁의 극심화, 전 세계적인 정치 보수화 등의 영향으로 재정 지원과 제작에 어려움을 겪고 있다.

자폐 스펙트럼을 지닌 캐릭터 '별이'의 출연으로 〈딩동댕 유치원〉은 이미 언론과 대중의 주목을 크게 받았고 이를 반영하듯 다수 매체의 보도와 인터뷰 기사도 나와 있었다. 그러나 나는 공영방송의 위기, 초저출생과 인구 소멸을 말하는 시대에, 미국보다 더하면 더했지, 절대 녹록지 않을 한국의 보수적이고 척박한 미디어 환경에서 어떻게 이런 무모하리만큼 용감한 시도를 할 수 있었는지 궁금했다. 또 앞으로는 무엇을 시도하고 새롭게 보여주고 싶은지 〈딩동댕 유치원〉을 만들어가는 이들의 생생한 이야기를 더 듣고 싶었다.

그들은 턱없이 부족한 예산과 프로그램 안팎의 여러 어려움에도 아이들이 처음 만나게 되는 세상과 그 안의 다양한 존재들을 보여주고, 그들과 행복하게 어우러져 살아가는 법을 가르쳐준다는 공영방송사 교육방송 PD의 사명감, 〈딩동댕 유치원〉이 넷플릭스에 입성하지 못하리란 법 있느냐며 끊임없이 새로운 기획을 해나가는 창작자의 패기와 자부심을 보여주었다.

> "내게 유일한 관심사는 세계를 사랑하는 것, 세계를 경멸하지 않는 것, 세계와 나를 미워하지 않고, 세계와 나 그리고 모든 존재를 사랑과 경탄과 경외의 마음으로 바라보는 거라네."
>
> ―《싯다르타》° 중에서

'어린이'는 어린아이를 '젊은이' '늙은이'와 대등한 존재로서 존중하자는 의도로 만들어진 단어다. 어린이, 오롯이 존중받으며 무한한 가능성을 지닌 존재. 나는 세상의 모든 어린이가 그저 존재 자체로 존중받고 편견과 차별에 낯선 어른으로 자라나기를, 내가 그 무엇보다 희망하고 있었다는 것을 이 책을 만들며 깨달았다. 내가 꿈꾸는 그 세계로 가는 요원하고 지난한 길 위에 꿋꿋한 자세로 포석을 놓는 사람들이 있었다. 그들의 열정과 정성 어린 분투를 독자 여러분도 공감 어린 위안으로 읽어주시고, 응원해주시기를 바란다.

○ 헤르만 헤세 지음, 차경아 옮김, 문예출판사(2025)

Prologue

아무도 밟지 않아 깨끗한 길

이지현

성격유형검사를 해본 적이 있다.

    Q. 눈앞에 두 갈래 길이 있을 때, 당신이 선택한 길은?
    A. '많은 발자국이 나 있는 길'
       혹은
    A. '아무도 밟지 않아 깨끗한 길'

두 갈래 길에서 어느 길을 선택하겠냐는 질문에 나는 '아무도 밟지 않아 깨끗한 길'을 택했다. 2022년, 40년 넘는 역사를 자랑하는 〈딩동댕 유치원〉 연출을 맡아 새로운 길을 선택할 때도 그랬다. 아무도 밟지 않은 깨끗한 길, 그래서 고민이 깊은 길을 가야겠다고 생각하고 다짐했다. "제가 탐한 건, 권력이 아니라 세상이었습니다"라는 한 사극 드라마°의 대사처럼 나 역시 바라는 '세상'이 있었다.

신체장애를 가진 하늘이, 하늘이와 이란성 쌍둥이로 태권도를 사랑하는 하리, 멕시코계 혼혈인 다문화 가정의 마리, 이혼한 부모를 둔 조손 가정의 조아, 중년의 딩동샘, 유기견이었던 댕구, 코로나 때 길거리를 떠돌던 예술가 고양이 샤샤 그리고 딩동댕 마을로 이사 온 자폐 아동 별이.

우리가 바란 세상에는 이들이 모두 함께 '잘' 살고 있다. 갈등도 있지만, 결국엔 몰랐던 서로를 '알아가고, 이해하고, 친구가 되어가는 세상'이다. 이 평범하고 자연스럽게 들리는 일이 현실에서 이뤄지기 가장 어렵고 고된 일이라는 것을 어른이 된 우리는 알고 있다. 그 일을 하겠다고, 이 캐릭터들과 함께 '우리'는 아무도 밟지 않은 길에 발을 디뎠다.

다양한 정체성을 대표하고 상징하는 캐릭터들의 풍부한 서사, 장애, 다양한 가족 형태, 죽음, 생명, 로봇 윤리 문제 등을 다룬 사회적 감수성 교육, 신체 장애 아동의 체육 코너 고정 출연, 수어로 동요 부르기, 포스트 코로나 감정·예술 통합 교육, 금기를 깬 유아 대상 성교육, 동시를 통한 감성 교육, 전지적 어린이 시점의 문제의식을 담은 특집까지.

○ 〈원경〉(극본: 이영미, 연출: 김상호, tvN, 2025년 방영)

그간의 이 모든 시도는 지상파 방송사에서 '국내 최초'였다. 내 아이를 키우면서 너무나 해보고 싶었던 '최초의' 일들을 하나하나씩 실현해나갈 때마다, "나는 내가 해야 했을 일을 했고, 내가 해야 할 일을 한다"라는 프랑스 비극 작가 피에르 코르네유의 작품 《르 시드 $^{Le\ Cid}$》 속 문장을 자주 곱씹었다.

'함께 아이를 키워주신다고 늘 생각합니다.'
'내 아이가 TV에 나온 것 같아서 반갑고, 아프고, 또 즐거웠습니다.'
'쉽지 않은 길, 남들이 잘 선택하지 않는 길을 사명감 하나로 걸어가시는 제작진분들을 진심으로 응원합니다.'

그냥 '방송 때우는' 공영방송사 직원이 아니라, 사명감을 가지고 이상적 세상을 그려내고 싶었다. 그게 내가 해야 할 일이라고 생각했다. 그리고 그런 나의 사명이 오롯이 이해받고 응원받았다. 여기, 현실적 캐릭터들이 살고 있는 이상적 세상 〈딩동댕 유치원〉에서. 시청자 게시판에 올라온 응원의 글들을 몇 번이나 반복해 읽었는지 모른다. 처음으로, 이 직업을 잘 선택했다고 느꼈고 감사했다.

'공영'방송, 더욱이 '교육'방송이라는 틀이 때로는 연출자에게는 '재미없는 프로그램'을 만들 수밖에 없는 갑갑한 제약처럼 느껴질 때도 있었다. 아이를 낳기 전에는 더 그랬다. 평소 모범적이지 않은 내 성향을 잘 아는 지인들은 "너에게 제일 안 어울리는 방송국에 들어갔다"라거나, "네가 왜 유아 프로그램을 하는지 모르겠다"라면서, 나의 4차원 끼를 살려 성인 예능 프로그램을 하라는 권유를 많이 하곤 했다.

하지만 처음으로 느낀 직업에 대한 자부심과 감사함을 부표 삼아, '내 아이를 키우듯이' '내 아이가 봤으면 하는 프로그램'을 만들자. 그리고 '재미있게'. 내 아이에게 가르치고 싶은 이야기들을 담고, 내 아이가 물들지 않아야 할 유해함은 걷어내고, 내 아이가 지루해하지 않도록 재미있게 만들자. 가장 교육방송적이면서도 가장 나답게! 누군가가 나를 잠기게 하려고 하면 다시 부표를 잡고 떠오르리라 다짐하면서.

누군가가 나에게 의미가 되는 일, 누군가에게 내가 의미가 되는 일. 20대까지는 내가 천재인 줄 알았고, 나 정도면 절로 '큰일' 낼 인간이 될 줄 알았다. 그러나 될 듯 말 듯 끝까지 되지 않는 20대를 지나, 방송국에 간신히 들어왔지만 출산과 육아로 30대 후반에 이른, 그저 그런 엄마 PD인지, PD 엄마인지 모를 인간이 되었다.

나에게 오로지 의미 있는 존재는 두 아이들이었고, 그들을 생각하고 만든 프로그램이 또 다른 존재들에게 '선한 의미'가 되어 나라는 인간과 나의 일을 더욱 의미 있게 만들어 주었다. 나는 그것이 '큰일'이 아닐까 생각해본다. 커다란 긍정의 순환.

  감히 조금 더 '큰일'을 욕심낸다면, 〈딩동댕 유치원〉이 '정체되지 않는' 선한 의미가 되는 것. '모든 사정을 가지고, 모든 오늘을 살고 있는, 모든 어린이'에게 공감과 위로, 대안과 교육이 되는 것. 아직 귀 기울이고, 들여다보고, 살피지 못한 '무수한 기타 등등'의 어린이들을 '등등'이라는 말 속에 외롭게 두지 않는 것. 지금 이 긍정의 순환 속에 몸담은 나의 바람이다.

  이 책은 나와 우리가 함께 꿈꾸는 '세상'을, '사명'을 가지고, '아무도 밟지 않아 깨끗한 길'로 씩씩하게 걸어온 3년간의 여행기다.

차례

Editor's Note 어린이는 어린이 5
Prologue 아무도 밟지 않아 깨끗한 길 | 이지현 13

Part 1 어린이 프로그램을 만듭니다

"애들은 몰라도 돼!" "진짜, 애들은 몰라도 돼?" | 이지현 23
경찰기자에서 어린이 프로그램 PD가 되기까지 | 김정재 28
"하라는 대로 하면 안 되니?" | 이지현 35
"어떤 점이 불편하신데요?" | 김정재 44
남들이 안 하는 건 다 이유가 있는 거지! | 이지현 52
인형에게 생명을 주는 사람 | 김정재 69

Part 2 전지적 어린이 시점으로

어떻게 보여줄까? | 김정재 79
별이를 품고, 키우고, 낳기까지 | 이지현 87
안녕, 별아? | 이지현 96
내 몸은 내 거야! | 이지현 122
〈딩동댕 유치원〉은 아직 멀었어요 | 김정재 132
2045년에도 기억나는 친구를 만들어줄게 | 김정재 138

동물에게도, 식물에게도, 로봇에게도 권리가 있다! | 이지현　146
시를 잃어버린 시대 | 이지현　153
어린이를 위한 나라는 없다 | 이지현　164
〈딩동댕 유치원〉에 온 어린이 여러분 | 김정재　171

Part 3 　이어서 방송됩니다

자랑스러운 〈딩동댕 유치원〉 졸업생 | 김정재　181
어린이도 철학 할 수 있어! | 이지현　186
솔.직.히. 나는 이 일을 계속할 것인가? | 이지현　195
"재밌나요?" | 김정재　203
이제 그만하라는 말 | 이지현　210

Epilogue　냉소와 미소 사이 | 김정재　223
Epilogue　다정하게, 감수성을 지니고, 전지적 어린이
　　　　　시점으로 | 이지현　227
Afterword　불가능을 향해 명랑하게 뛰어볼까, 폴짝 | 나민애　231

Part 1

어린이 프로그램을 만듭니다

"진짜, 애들은 몰라도 돼?"
내 질문은 여기서부터 시작됐고,
내 안의 답은 '아니, 알아야 돼!'였다.
그 답이 내 안에 서고,
프로그램 안에 '새로운 세계관'을 지었다.
그때부터 도망갔던 영혼이
일터로 돌아왔다.

"애들은 몰라도 돼!"
"진짜, 애들은 몰라도 돼?"

이지현

    2023년 8월 초, 자폐 아동 캐릭터 '별이'를 처음 선보이는 '안녕, 별아?' 편 방송 준비로 한창 바쁜 때였다. 우연히 X(구 트위터)에 올라온 글°을 보게 되었다. 해외에서 〈딩동댕 유치원〉을 본 분이 영어로 쓴 글이었는데, '〈딩동댕 유치원〉은 왜 우리가 다큐멘터리 감독이 만든 픽션을 좋아하는지 보여준다. 최고의 창의성은 항상 현실에 대한 충분한 이해에서 시작된다'라는 내용이었다. 나는 한 매체와 인터뷰에서 EBS에 입사해 처음엔 다큐멘터리만 제작하다 아이를 낳고 유아 프로그램에 발을 들이게 되었다는 말을 한 적이 있다. 그렇다. 사실 이전엔 내가 다큐멘터리가 아닌 프로그램을 만들 거라는

    °   HYP(박희연), 2023년 8월 3일 작성 및 게시

생각을 해본 적이 없었다. 철학과 다큐를 전공하고, EBS 면접에서도 다큐에 뼈를 묻겠다고 했었다. 심지어 나는 영화도 '이것은 실화를 바탕으로 제작되었습니다'라는 메시지가 뜨는 것을 선호한다. 그래서 X의 글은 내 과거가 어디 가지 않고, 〈딩동댕 유치원〉의 현재가 된 걸 인정받은 느낌이었다. 그냥 쉽게 말하면, 못다 이룬 꿈을 이룬 것이겠지.

하지만 처음 유아 프로그램을 시작했을 때부터 내 '쪼대로' 했던 것은 아니다. 신규 프로그램을 만들라고 해서 '유아 프로그램의 정석'에 따라 해보려고도 했다. 동화적이고 환상적인 세계관과 눈길을 끌 만한 생김새를 가진 가상의 캐릭터와 귀엽고, 예쁘고, 멋있고, 익살스럽고, 친근한, 전형화된 성격. 그러나 나에게는 그런 상상을 해낼 재능이 없었기 때문에 가랑이가 찢어져 실패하고, 선배 밑에 들어가서 당시 〈딩동댕 유치원〉의 룰대로, 그저 해오던 그대로 부품처럼 따라가기도 했다. 모름지기 인간은 자기가 원해서 하는 것이 아닌 일에 자발적으로 영혼을 담는 게 참 어려운 법이다.

그렇게 일터에서 영혼 없이 살다가 둘째를 임신했다. 아마 뭐라도 더 영혼이 깃든 일을 하고 싶었던 것 같다. 둘째를 낳고, 키우고, 다시 일터로, 다시 〈딩동댕 유치원〉으로 돌아왔을 때, 내 나이 서른여덟 살. 두 아이의 엄마이자, 나영석 PD도 김태호 PD도 아닌 13년 차 '그냥 PD'로 또 영혼 없이 유아 프로그램을 할 것인지 말 것인지 고민하다, 결심했다.

'내 쪼대로 갈란다!'

그 마음으로 새롭게 개편하는 2022년 〈딩동댕 유치원〉을 마주했다. 여태껏 나에게 유아 프로그램이 힘들었던 이유는 '꿈과 환상이 가득한 동화 속 세상'을 세팅하고, 그 세상 속의 캐릭터와 이야기를 상상해 만들어내야 하기 때문이었다. 땡, 다음 생에. 아쉽게도 난 그런 능력이 없다. 그럼! 그렇다면 난 여기서 무엇을 해야 하냐고!

"〈세서미 스트리트〉는 항상 현실이었습니다. 이건 환상도, 동화도 아닙니다. 우리가 다른 유아 콘텐츠들과 차별점이 있다면, 어린이를 존중하고 어린이의 관점에서 현실 세계의 문제를 다룬다는 점입니다."

— 셰리 웨스틴(세서미워크숍 부사장),
2017년 《패스트 컴퍼니》 인터뷰 중에서○

고민하던 시기에 후배가 보내온 자료에 적힌 글이 내겐 유레카였다. 그래, 바로 이거지! 현실 세계의 문제! 아이들

○ 〈E! News〉(2020년 6월 17일, 빌리 닐스Billy Nilles 기자) 기사, "〈세서미 스트리트〉는 어떻게 아이들이 인생의 가장 어려운 교훈을 배우도록 계속 돕는가(How Sesame Street Continues to Help Kids With Life's Hardest Lessons)", 저자가 발췌 번역

이 사는 세상도 그들만의 현실이 있지. 그걸 나 역시 두 아이를 낳고서야 제대로 목격했다. 그걸 경험하고서 곱씹어본 "애들은 몰라도 돼!"라는 문장. 이 문장 속의 '애들'은 개인이 아니다. 그 문장 속에서 애들은 개별 형태가 불분명한 집단이다. 상종하기에는 유치하고, 선을 넘기에는 순수로 이상화된 집단.

"진짜, 애들은 몰라도 돼?"
내 질문은 여기서부터 시작됐고, 내 안의 답은 '아니, 알아야 돼!'였다. 아이들은 아름답기만 한 세상에 사는 유니콘이 아니니까. 아이들도 모두 제각각 개인의 사정이 있는 현실 속 인간이니까. 그 개별성을 인정하는 것에서 새로운 〈딩동댕 유치원〉의 세계관이 시작되었다. 신체장애가 있는 아이, 발달 장애가 있는 아이, 부모가 이혼하고 조부모 손에 크는 아이, 여자다움을 강요받는 아이, 다문화 가정에서 크는 아이. 이렇게 구체적인 메인 캐릭터를 구상한 것도 한국 사회에서 우리 아이들이 어떻게 '각자의 현실'을 살아나가고 있는지를 보여주려는 의도였다. 아이들도 자신의 사정을 이해받고, 남의 사정에 공감할 수 있으려면 '알아야 한다'. 이제까지 '어른들이 몰라도 된다고 했던 모든 것을 감히 알아야 한다'.

그 답이 내 안에 서고, 프로그램 안에 '새로운 세계관'을 지었다. 내 몸과 정신에 맞는 집을 짓고, 그곳에서 살 때 이렇게 마음이 편안하고 즐거운 것이구나. 그때부터 도망갔던 영혼이 일터로 돌아왔다.

스물일곱에 입사해서, "넌 뭐 제작하고 싶냐?"라는 선배들 질문에 주저 없이 "다큐요!"라고 답했었다. 만약 "무슨 다큐?"라고 물으셨다면, 그땐 내 안에 날이 서지 않았었다. 영혼 없이 유아 프로그램을 하면서 언젠가 다시 다큐를 할 거라고 생각할 때도 여전히 그 날은 무뎠다.

지금은, 장르는 모르겠고 사실 중요하지도 않다. 뭐든 '내 아이가 알아야 하는, 알고 싶어 하는 현실 세상의 이야기'를 하고 싶다. 거기서 나만의 '상상'이, 그리고 '창의성'이 나온다. 결국 내 '쪼'는 내 아이들과 내 현실 경험들에 닿아 있다. 그 경험들과 엿가락처럼 엉겨 붙어서 나와 〈딩동댕 유치원〉은 함께 가고 있다.

경찰기자에서
어린이 프로그램 PD가 되기까지

김정재

서른둘. 우리 사회의 일반적인 잣대로 볼 때 나는 약간 늦은 나이에 EBS에 PD로 입사했다. 아마 이전의 입사 전형이었다면 어려웠겠지만, 내가 입사 지원했던 2017년부터는 블라인드 입사 전형으로 채용을 시작한 터라 입사 지원서에 나이, 출신 학교 등이 공개되지 않았다. 그래도 경력 사항 등을 보면 어느 정도 나이가 가늠되었을 텐데 편견 없이 봐주신 것 같다. 운이 좋았고 나를 알아봐주는 회사라고 생각했다.

PD가 되기 전엔 한 종합편성채널에서 방송기자로 일했다. 지금 돌아보면 20대 중반에 세상 물정도 제대로 모르고 학생 같은 마음으로 입사했었다. 힘든 일을 마주할 때마다 "나한테 왜 이러지?"라는 생각을 많이 했다. 회사와 계약 관계로 일하고 돈을 번다는 개념이 제대로 없었다. 학생 때와 같은 마음으로 뭔가를 배우고 성취하면 보상이 있다고 생각했다. 종편이 생긴 지 얼마 되지 않았을 때였기 때문에 엉성한 조직문화와 극단적인 성과주의가 더해져 회사는 수직적인 분위기가 강했다. 구성원을 전문가로 길러내기엔 당장 눈앞에 닥친 해결 과제가 너무 많아 보였다.

그래도 꿈꾸던 언론인이 되었다는 자부심이 있었다. 처음 발령받은 부서는 사회부 경찰서 담당 기자였다. 나는 몸집이 작고 부드러워 보이는 인상을 가진 편이라 취재한다고 경찰서에 가면 피해자로 오해받기 일쑤였다. 그 뒤에 수습기자라고 밝히면 홀대와 무시는 당연한 수순이었다. 그도 그럴 것이, 경찰 입장에서는 일도 많은데 믿음도 안 가는 기자가 와서 귀찮게 하니 곤란했을 것이다.

지금 생각해보면 꽤 친절한 경찰관도 있었는데 역삼지구대에 찾아갔을 때 만난 분이었다. 선생님이 학생 앉혀놓고 타이르듯이 "여자가 오래 하기 어려운 직업이니 빨리 다른 일을 찾아보라"라는 조언(?)도 해주셨다. 활약하는 기자 가운데 여성도 많으니 틀린 말인데, 당시에는 힘든 마음에 냉큼 기자가 잘못된 길인가? 라고 고민했다. 여하튼 동아리 활동을 하는지 취재를 하는지 제대로 분간도 못 하는 수준이었지만 버티는 게 강한 거라고 생각하며 2년 9개월을 일했다. 하지만 항상 내면에는 갈증이 있었다. 힘들기만 하고 재미와 보람이 없었다. 언론인이 꿈이라고 생각했는데 아니었나? 앞으로 뭘 해야 재미있고 오래 일할 수 있을까? 끊임없이 나 자신에게 물었다.

원래 나는 TV를 좋아했다. 지금은 편성표가 의미도 없는 시대가 되었지만 예전에는 신문에 나온 편성표를 거의 외우다시피 했다. 어느 채널에서 몇 시에 어떤 프로그램을 하는지 꿰고 있었다. 일일드라마와 주말드라마를 사랑했고, 1990년대 말 2000년대 초에 나온 미국 드라마는 거의 안 본 작품이 없었다. 결론을 내보니 나는 TV 프로그램을 만드는 사람이 되고 싶었다. 내가 생각하는 저널리즘에는 뉴스 보도만 있는 게 아니었다. 영화도 드라마도 시사 다큐도 다 저널리즘이다. 그 가운데 사람들의 이야기가 있는 TV 프로그램을 만들고 싶다는 확신이 들었다. 부모님은 걱정하셨지만 호기롭게 PD가 되겠다며 멀쩡한 직장을 그만뒀다. 일단 그만두긴 했는데 어떻게 해야 PD가 될 수 있는지 몰랐다. 기자 시험은 두 번째 지원에 덜컥 합격했다. 솔직히 말하면 크게 노력하지 않았는데 합격을 해서인지 소중한 마음도 없었고 존중도 없었다.

PD가 되는 것도 비슷하게 생각했다. 어떻게든 금방 되겠지. 그런데 결과는 서류 전형부터 탈락이었다. 그때 나이 스물아홉이었는데, 당황스러웠다. 두렵기도 했다. 그래도 방법이 없었다. 진짜 '이생망'인 터라 도망갈 구멍도 없으니 노력했다. 루틴을 만들었다. 매일 아침 모교 중앙도서관으로 출근 도장을 찍었다. 가서 하는 공부도 정해진 것이 없었다. 그날그날 하고 싶은 일을 했다. 글도 쓰고 뉴스도 보고 영화도 보고 책도 보고. 그렇게 하루하루가 쌓여서 만 3년을 백수로 지내다가 마지막 도전이라는 생각으로 EBS 입사 시험을 치렀고 PD가 되었다.

꿈에 그리던 PD가 되었으니 마냥 행복하고 드라마 〈그들이 사는 세상〉에 나오는 PD 송혜교가 되어야 하는데 내 현실은 아역 배우 똥 기저귀를 치우는 조연출이었다. EBS는 다른 방송사와 다르게 영유아와 어린이 프로그램을 담당하는 특별 부서가 있다. 통칭 유아·어린이부이다. 나는 입사하자마자 유아·어린이부에 배정되었다. 그런데 알고 보니 유아·어린이부는 PD 대부분이 기피하는 부서였다. 일단 유아·어린이 프로그램은 매주 한 편에서 두 편, 많으면 〈딩동댕 유치원〉처럼 주 5일 방송을 하니 제작해야 하는 분량이 많고, 소품 등 자잘하게 준비할 일이 많다. 또 다른 프로그램에 비해 상대적으로 주목을 덜 받거나 주목을 받아도 어린이 대상이라 파급력이 적다는 것이 이유였다.

물론 성향이 맞지 않아서 꺼리는 PD도 있었다. 어린아이들의 생각이 이해되지 않는다거나, 아이 자체를 좋아하지 않는다는 이유를 들었다. 어쨌든 다들 피하는 부서라는 걸 알고 나니 '내가 입사 시험에서 꼴등 했나?' 싶기도 하고 걱정도 되었다. 한 선배는 내게 "유아·어린이부에서 연출 데뷔하면 앞으로 어떻게 하려고 그래~"라는 말도 했다. 지금은 퇴직하신 당시 본부장님은 내 자기소개서에 동생을 돌본 내용이 인상 깊었다며 유아·어린이부로 발령 냈다고 하셨다. 어쩐지 믿을 수가 없었다. 실제로 유아·어린이부 조연출 생활은 고달팠다. ENG°로 야외 촬영하는 어린이 프로그램의 조연출을 맡았는데 어린이 출연자 의상부터 게임 소품, 생활 소품, 출연자들 식사, 청소까지 챙겨야 할 게 너무 많아서 내가 PD인지 베이비시터인지 분간이 안 됐다.

힘든 촬영 일정에도 아이들과 함께하는 시간은 즐거웠다. 아이들과 대화하면서 항상 느끼는 점은 아이들에게도 각자의 세계가 있고, 관계가 있으며 나를 포함한 상대를 향해 무해한 관심을 준다는 것이다. 진심으로 유아·어린이부 조연출을 때려치우고 싶은 순간도 있었지만 아이들과 교감하는 그 시간이 있어서 힘든 촬영을 버틸 수 있었다.

○ 주로 손이나 어깨에 걸쳐서 들고 다니면서 촬영하는 ENG(electronic news gathering) 카메라를 사용하는 촬영 방식이다. 카메라의 이동성과 기동성 등이 비교적 좋아 주로 뉴스, 예능, 다큐멘터리, 야외 촬영에 많이 쓰인다.

그런데 시간이 지날수록, 생각해볼수록 어이가 없었다. 어린이 프로그램을 하면 도대체 뭐가 문제인지 이해가 되지 않았다. 도대체 누가 부서에 순위를 정해놓았는지 그런 개인적이고 단순한 평가가 오히려 유아적이라는 생각이 들었다. 게다가 해당 부서에서 열심히 일하는 동료들에 대한 존중과 배려가 없다고 느꼈다. 유아·어린이부를 대하는 일부 동료들의 모습이 우리 사회의 축소판 같다는 생각도 들었다. 아이들이 그렇게 소중하다면서 아이들을 배제하는 느낌이었다. 원체 반골 기질이 있는지라 나는 다음 부서도 그다음 부서도 남들이 기피하는 부서로만 골라 지원해서 갔다. 부서를 옮길 때마다 새로운 것들을 경험하며 배웠고 다양한 사람을 만났다. 어느 한 부서에서도 허투루 보낸 시간이 없었다고 자부한다.

그렇게 조연출 생활을 돌고 돌아 드디어! 첫 TV 프로그램 정식 PD 발령으로 〈딩동댕 유치원〉을 배정받았다. 누군가는 걱정해주었던 유아·어린이 프로그램 연출 데뷔였다. 나는 역시나 운이 좋았다. 오랜 역사로 이어진 〈딩동댕 유치원〉에서 새롭고 다양한 시도를 해보고 싶어 하는 동료들이 모였다. 다들 치열하게 회의했다. 〈딩동댕 유치원〉의 새로운 출연진은 어떻게 구성해야 할지, 캐릭터의 이름이 차별적이지는 않은지, 성격과 특성이 전형적이진 않은지, 어떻게 하면 아이들에게 편견 없이 건강하게 세상을 소개할 수 있을지 고민했다.

사실 이런 재미있는 고민의 시간은 유아·어린이 프로그램을 제작하기에 가능했다. 유아·어린이 프로그램은 보통 종합 구성이라고 해서 다양한 형식의 코너가 한 프로그램 안에 포함된다. 드라마도 찍어보고, 예능도 찍어보고, 다큐도 찍어볼 수 있다. 출연자로는 사람도 나오고, 강아지도 나오고, 인형도 나온다. 모든 것이 가능했고 그 가능성이 프로그램의 경쟁력이었다. 〈딩동댕 유치원〉이 오랜 기간 동안 사랑받을 수 있었던 비결이기도 하다.

어린이 프로그램의 PD는 내가 처음부터 구체적으로 그린 꿈은 아니었지만 진정으로 좋아하고 잘할 수 있는 일을 찾기까지 내가 기울인 모든 노력과 외부의 환경적 요소가 한데 모여 이르게 된 나의 자리라고 생각한다.

그 자리에는 늘 아이들을 향한 이해와 배려가 있었고, 아이들의 무해한 웃음과 순수함이 다시 프로그램 제작에 대한 열정으로 이어졌다. 〈딩동댕 유치원〉은 내 삶에 주어진 레몬을 레모네이드로 바꿔준 프로그램이었다.

"하라는 대로 하면 안 되니?"

이지현

'천재병이라 쓰고, 사춘기병이라 부른다.'

이제와 돌이켜 보면, 그 시절의 나는 우리 엄마 주변의 엄친아, 엄친딸들보다는 확실히 조금 더 막 간 사춘기병에 걸린 상태였다. 여기서 잠시 당시의 주요 사건일지를 살펴보자.

- 14세 귀를 열 군데 뚫고, 학생부장에게는 두통이 있어서 뚫었다고 거짓부렁
- 15세 중학교 자퇴를 하겠다고 선언하고, 소설가가 되겠다고 했다가 포기
- 16세 비구니가 되겠다고 선언하고, 수덕사 들어갔다가 한 달 만에 포기
- 17세 유학 보내달라고 옷장에 들어가 단식투쟁 하다

가 포기

- **18세** 고등학교에 없던 문학동아리를 직접 창설하고, 전교 회장 활동을 하며, 잠시 모범적인 생활
- **19세** 가라는 경영학과는 안 가고, 철학과 들어가서 연극 연출한다고 선언. 대학 합격 발표 날, 바로 미용실에서 삭발하고, 홀로 인도 배낭여행
- **20세** 택견 동아리, 연극 동아리, 클래식 감상 동아리 등 비주류 잡기에만 능해지는 생활
- **21세** 연극 동아리 회장을 하며, 집에 잘 안 들어감
- **22세** 휴학 후, 10개월간 베트남에서 출발해 파키스탄, 아프가니스탄, 이란을 거쳐 프랑스까지 15개국 대륙 횡단
- **24세** 바닥인 학점과 공인 영어 시험 점수, 미천한 인턴 시험 경력으로 40여 군데 회사에 지원해서 한 곳 합격
- **25세** CJ 방송 기획 부서에 편성 PD로 입사했지만, 부적응으로 1년 만에 퇴사
- **26세** 백수로 살면서, 다큐멘터리에 꽂혀 각종 다큐멘터리 시리즈를 정주행하며 섭렵하다가 한국예술종합학교 방송영상과 다큐 전공으로 입학
- **27세** 다큐 공부하면서, 현실을 담는 예술의 가치를 맛보기 정도 할 때쯤, EBS 입사

1년 단위로 적긴 했지만 행간에 자퇴, 비구니가 될 결심과 포기, 삭발, 학사경고, 입사 지원과 연이은 광탈, 부적응, 백수 등 부모님이 속 썩은 일들이 한 짐이었다.

"너 같은 딸 낳아서 똑같이 고생해봐라."

우리 엄마가 속 썩으실 때마다 하신 말씀이다. 내가 무엇인가를 하겠다고 새로운 '선언'을 할 때마다 저 말씀을 하셨다. 사춘기병이 극도로 심했던 10대 때는 방 벽지에 마구잡이 그림을 그려놓거나, 전위예술 같은 막춤을 혼자 방에서 추거나, 유리창을 깨고 벽을 발로 차거나, 감정이 넘치면 자해를 하기도 했었다. 그래서 엄마의 저 말이 내가 부모가 된 이 시점에서는 얼마나 크고 무거운 답답함을 토해낸 것인지 이해할 수 있다.

"엄마, 모차르트나 카프카, 랭보는 (당시에 좋아했던 예술가들이었다) 다 요절했잖아. 그리고 원래 천재 예술가들은 뭔가 다 불행한 환경에 있었어. 나도 그런 불행이 있어야 천재적인 예술을 할 수 있지 않을까? 난 너무 평범해."

이 얼마나 오글거리는 천재병 말기 환자 발언인가! 요절한 천재 예술가가 되고 싶은 병. 타고난 천재적 소질은 없으면서 유별난 기질만 있으면 결국 많이 막 가는 사춘기병에 걸리게 된다. 지금은 그 병적인 시간을 잘 지나고 치료해서 면역력도 생겼고, 오히려 그 경험이 창작의 자양분이 되었다. 그리고 (엄마의 예언대로 나랑 똑같이 태어나고야 만) 내 아이들의 유별난 기질을 남들보다 훨씬 잘 이해할 수 있는 것도 사실이다.

'물론 이성적 이해와 감정적 포용은 다른 문제이다.' 내 아이를 이성적으로 이해할 수는 있지만, 감정적으로는 부모도 사람인지라 내 아이지만 온전히 '포용'하는 것은 너무나 어려운 일이었고, 현재도 진행형이다. 그럼에도 내가 아무리 감정적으로 격해지더라도 '부모로서' 아이에게 절대 하지 말아야겠다고 다짐한 것이 있다. 하나는 "하라는 대로 해"라는 말을 하지 않는 것이고, 다른 하나는 '고정관념과 편견을 물려주지 않는 것'이다.

"하라는 대로 하면 안 되니?"
"뭐가 이렇게 별나니? 뭐가 되려고 그러니?"

결혼하기 전까지, 30년 가까이 이런 말들을 너무 많이 들었다. 하지만 결국 하라는 대로 하지 않고, 버틴 나의 뚝심이 지금 명확히 내가 하고자 하는 것과 그렇지 않은 것을 가를 수 있는 자기 중심이 되었고, 단련돼 힘도 생겼다. 아이들은 하라는 대로 살면 안 된다. 아이들은 하고 싶은 대로 할 권리가 있다. 아이일수록 스스로 만지고, 부딪치고, 넘어지고, 깨져야 한다. 아이들은 철저히 경험주의자로 살 수 있게 해야 한다. 그 시도를 통제하고, 막으면 안 된다. 그래서 내 아이들에게 말한다.

"어른들이 항상 정답은 아니야. 그건 엄마도, 아빠도 마찬가지야. 그리고 네 생각에 아니라고 판단하면, 의견을 말해. 말했을 때, 그걸 싫어하는 사람도 있을 거야. 하지만 그건 네가 잘못된 행동을 해서 그런 게 아니야. 서로 생각이 다를 수 있다는 걸 알고, 그때부터 진짜 대화를 나누는 거야."

이런 말을 하면서 물론 걱정도 된다. 모두가 "예"라고 할 때, "아니요"라고 말하는 것의 무게가 얼마나 무거운지, 큰 미움 받을 용기가 얼마나 커야 하는지 너무나 잘 알기 때문에. 앞 또는 뒤에서 날아올 수많은 짱돌에 수만 번 맞을 각오가 필요하기 때문에. 그래도 난 내 아이들이 그 길을 가주길 바란다.

〈딩동댕 유치원〉에서도 딩동샘의 역할을 처음 설정할 때도 그런 평소의 생각이 명확한 기준이 되었다. 아이들을 통제하거나, 한 방향으로 가르치는 교조적인 선생님의 모습을 버릴 것. 우리 아이들 캐릭터가 스스로 깨닫도록 인도하는 선생님으로 역할을 할 것. 2022년 개편 방향을 '세계시민 교육'으로 정하면서, 더욱 이 기준이 가장 적합한 교사상이라고 생각했다. UN을 중심으로 인종, 성별, 국적, 종교, 계급의 차이에 상관없이 지구촌 사회의 구성원이라는 정체성과 책임감을 가지고 행동하는 세계시민 global citizen을 학교 교육을 통해 길러내야 한다는 요구가 높아지고 있었다. 여기서 강조하는 것이 '능동적 학습자', '과정과 문제 해결 중심 교육'이다. 그렇기 때문에 딩동샘은 그런 방향성을 담은 인물이 되어야 했다.

두 번째 다짐, 고정관념과 편견을 대물림하지 않는 것. 이제껏 그렇게나 부모 말을 안 듣고 나름대로 자유롭고 개방적인 사고를 하면서 살았다고 자부했음에도, 점점 많은 사람을 만나면서 느끼게 되었다. '아, 나는 정말 편견 덩어리였구나.' 나도 모르게 왜곡된 생각을 하고 있는 경우가 너무나 많았다. 반성, 또 반성하게 된다.

예를 들면, 휠체어 장애가 있는 하늘이 캐릭터가 당연히 휠체어에만 앉아 있는 것으로 생각하고, 거기서 하늘이를 내려오게 할 생각을 꽤 오랫동안 하지 못했다. 휠체어 장애가 있어도 도움 없이 스스로 목발을 짚고 일어설 수 있고, 이동할 수 있다는 것을 생각하지 못했다. 시청자 게시판에 장애 아동의 부모가 "휠체어 장애가 있어도 휠체어에서 내려와서 다른 아이들과 함께 배에 탈 수 있는데, 하늘이만 빼놓아서 속상했다"라는 글을 남긴 것을 보고서야 깨닫고 반성했다.

장애가 있는 사람들은 비장애인이 도움을 주면 늘 고마워할 것으로 생각하기도 했다. 지극히 편협한, 시혜적인 생각이었다. 휠체어 장애인 김지우 씨와 시각 장애인 고수빈 씨가 출연하기로 하고 그들을 취재하면서 "우리가 할 수 있는 것을 더 봐달라"라는 당사자들의 목소리를 듣고서, 비로소 생각을 확장하게 되었다.

〈딩동댕 유치원〉을 연출하면서 이따금 매체 인터뷰를 할 때마다, "이 프로그램을 보는 부모들에게 어떤 말을 해주고 싶은가?"라는 질문을 많이 받았다. 그때마다, 나는 꼭 이 말을 했다.

"내 고정관념과 편견을 물려주지 마세요. 그러기 위해서 재교육을 받으세요. 부모도 끊임없이 공부해야 합니다. 저 역시 제가 몰랐던 것을 알고, 이해하고 싶어서 공부하면서 프로그램을 만들고 있습니다."

우리가 받은 교육에는 허점이 많았기 때문에 우리가 교육해야 할 아이들을 위해서는 다시 공부해야 한다. 지혜는 지식에서 나온다. 고정관념과 편견 대신 지혜를 물려주기 위해선 지식을 끊임없이 습득하고, 나 자신의 고정관념과 편견을 깨나가야 한다. 연출자로서, 부모로서 내 고정관념과 편견이 지금도 나의 가장 큰 적이다.

편견에 가득 찬 소리를 수없이 들었음에도 나 역시 누군가에게 편견이 담긴 소리를 한다. 그 이유는 그 말이 편견인 줄도 '몰라서' 또는 '알려고도 하지 않아서'이다. 내 아이들은 그런 말을 듣지 않는 보다 넓고 유연한 세상에 살았으면

한다. 고정관념과 편견 때문에 차별을 당하지도 않거니와, 차별을 하지도 않는 인간이 되길 바란다. 그 책임은 나에게만 있는 것은 아니지만, '나에게도' 있다.

"평범하게 사는 게 제일로 어려운 거야!"
내가 요절한 천재 예술가들을 지극히 부러워했을 때, 엄마는 이렇게 말했다.

평범하게 사는 것이 가장 어려운 것, 맞는 말이다. 엄마 말은 돌이켜보면 대부분 맞는다. 내가 약은 인간이었다면, 그걸 빨리 깨닫고 엄마가 하라는 대로 하고, 안 넘어지고, 흙 안 묻히고, 안전하고, 평범하게 살아왔을지도 모른다. 하지만 지금 내가 내 아이들에게 어떤 길로 가라고 해야 할까를 고민해볼 때, 여전히 경험주의자의 길을 가라고 하고 싶다. 그래서 '맞는 길'이 아닐 것 같은 길로 아이가 들어서려 할 때, 강요가 아닌 조언에서 멈추고, 기다릴 수 있는 인내. 내가 그런 인내를 키울 수 있기를 기도한다. (정말 아닐지 사실 어른이라 해도 확신할 수 있는 것은 아니지 않을까.) 그리고 '하라는 대로 해'라는 말을 하지 않을 수 있도록 기도한다. 그래야 충분히 사춘기병을 앓고 나서 건강한 면역을 키울 수 있을 테니까.

이제는 안다. 하라는 대로 가지 않는 그 험난한 길에서만 내 안락하고 편협한 고정관념과 편견이 깨어질 기회를 만난다. '나에게만' 안락한 삶에서는 그 기회가 오지 않는다. 그 편안한 길은 안정되고, 평화로울 수는 있지만 앞으로 펼쳐질 가능성을 넓게 볼 수도, 다른 길을 상상할 수도 없다. 그 길에서는 나와 조금 또는 많이 다른 타인을 환대할 수 없다. 그 길이 틀렸다고는 말할 수 없겠지만, 나는 그 길을 즐거이 택하지는 않는다. 내 부모가 나에게 물려주려 한 것을 내가 그대로 이어받지 않은 이유다. 내 아이들 역시 내가 걸어온 길과는 다른 길을 걷고, 남들과 다르더라도 지혜로운 것을 선택할 수 있는 용기를 가지길 바란다. 그래서 나는 더 알고, 이해하고, 타인과 함께하는 길을 선택했다.

"어떤 점이
불편하신데요?"

김정재

〈딩동댕 유치원〉을 리뉴얼하고 간부급 PD 선배들에게 신규 제작 편을 시사하는 자리였다. 새로운 세트와 새로운 출연자를 보고, 한 선배가 물었다.
"왜 할머니가 〈딩동댕 유치원〉 선생님이냐?"
꽤나 의도가 느껴지는 질문이라서 나는 이렇게 반문하고 말았다.
"어떤 점이 불편하신데요?"
순간 회의실에 긴장감이 돌았다. 그 선배의 질문에 담긴 속뜻을 애써 헤아려보자면 이제까지 〈딩동댕 유치원〉과 어린이 프로그램에 나왔던 유치원 선생님은 거의 20대의 젊은 여성이 맡아왔는데, 유치원 원장 선생님 정도 돼 보이는 선생님이 직접 아이들을 가르친다고 하니 그런 변화의 이유를 물었을 것이다. 그러니 나도 새로운 〈딩동댕 유치원〉에서는 '다름'과 '다양성'에 관한 이해를 높이는 것이 가장 중요한 목표 중 하나라고 대답했으면 좋았을 텐데……. 욱하는 마음에 생각보다 강한 말투가 나와버렸다.

우선 '딩동샘' 역의 출연자는 할머니라고 표현하기에는 연령대가 더 낮은 중년인데 70대는 되어야 할머니라고 칭하는 요즘 시대에 맞지 않기도 하고, 중년 여성을 통틀어 할머니 또는 아주머니로 칭해버리는 무신경한 세태가 못마땅했던 터라 순간 뿔이 난 것도 있다. 사실 딩동샘 역의 출연자는 '뽀통령'이라고 불릴 정도로 엄청난 인기를 누리는 전 국민이 다 아는 캐릭터 '뽀로로' 목소리의 주인공, 이선 성우다. 몇 해 전 인기 인터뷰 프로그램 〈유 퀴즈 온 더 블럭〉에 출연해서 성우이지만 얼굴이 많이 알려졌다.

딩동샘 배역 캐스팅의 가장 큰 목표는 이제까지와는 다른 캐릭터의 인물이어야 한다는 것이었다. 나이도 외모도 역할도 다르길 원했다. 그래서 전형적인 유치원 선생님에게서 탈피하고자 했다. 아이들이 더 다양하고 입체적인 인물을 만나기를 바랐다.

이선 성우는 그러한 지향점에 꼭 들어맞는 배우였다. 자유자재로 변형할 수 있는 목소리 연기와 정확한 발음, 훌륭한 가창력까지 갖춘 진정한 프로였다. 사실 〈딩동댕 유치원〉

에서 제안할 수 있는 비교적 적은 출연료로는 모시기 어려운 출연자였는데 그동안 아이들에게 받은 사랑을 좋은 프로그램을 통해 돌려주고 싶다는 배우의 따뜻한 마음과 열정 덕분에 섭외할 수 있었다. 촬영 현장에서는 딩동샘 덕분에 촬영이 정말 수월했다. 탁월한 연기력은 기본이고, 아역 배우들에게도 자상하게 연기 지도를 해주었다. 아역 배우들이 원고에서 이해가 되지 않거나 어려워하는 부분이 있을 때 촬영이 지연되는 경우가 많다. PD는 스튜디오 부조정실에 있기 때문에 바로바로 설명해주지 못하는데, 아역 곁에서 함께 연기하는 이선 성우가 모든 배역과 대사에 대한 이해를 바탕으로 아역에게 설명해주면 아이들의 연기도 한결 나아졌다. 정말 좋은 딩동 선생님이었다.

그런데 "왜 할머니가……"라는 선배의 물음에 그 열정과 그간의 고민, 노력이 순간적으로 무시당하는 기분이 들어 그만 강하게 반응하고 말았다. 다행스럽게도 그 질문을 한 선배는 나쁜 의도로 한 얘긴 아니라고 곧바로 해명해 그날의 상황은 마무리되었다. 우리의 딩동샘이 그 후 3년간 〈딩동댕 유치원〉에서 종횡무진 대활약한 사실은 아이들 모두가 경험했고 오랫동안 기억할 것이다.

〈딩동댕 유치원〉의 마스코트 강아지 '댕구' 역시 아이들이 정말 많이 사랑하는 캐릭터다. 댕구는 우리 집 식구인 반려견 닥스훈트 '진저'를 외형적 모델로 해서 만든 캐릭터다. 아주 친근한 연한 갈색 강아지로 디자인하고 혓바닥이 살짝 나오게 해서 귀여움을 강조했다. 캐릭터 구상 후반에 전체 스태프 회의에서 댕구를 유기견으로 설정하자는 아이디어가 나왔다. 유기견이었던 댕구가 〈딩동댕 유치원〉에 와서 새로운 가족을 만나고 친구들도 사귀는 것으로 방향을 정했다. 아이들이 좀 더 댕구에게 친구로서 감정이입을 하고 주변 친구들을 소중히 여기는 마음을 키울 수 있기를 기대했다. 그렇게 댕구가 성공적인 데뷔(?)를 하고 정말 놀랐던 부분은 정말로 아이들이 댕구를 친구처럼 느낀다는 점이었다.

인형으로 제작된 댕구 안에 들어가 연기하는 댕구의 본체는 개그맨 김필수 배우다. 그 역시 아이들을 진심으로 사랑하고 탁월한 연기로 표현하는 배우다. 실제 두 아이의 아빠인 그는 아이들의 입장에서 생각한 아이디어와 소재도 적극적으로 제안하는 재치꾼이다. 그런데 그는 40대의 남자이다 보니 귀여운 목소리로 연기하긴 했지만 그를 아는 제작진 입장에서는 성인 남자의 특징이 두드러지게 느껴져 우려도 했다. 하지만 〈딩동댕 유치원〉을 시청하는 아이들은 댕구를 자신들과 또래인 강아지 친구로 여겼다.

실제로 아이들을 만나서 댕구 이야기를 나눌 때면 공통된 질문이 있었는데 "댕구는 남자예요, 여자예요?"였다. 심지어 자기들끼리 대화를 나누다가 "여자 같아요!"라고 결론을 내리기도 했다. 아이들을 정말 한결같이 편견이 없었다. 프로그램 내용 가운데 댕구의 성별이 나오지 않으니 알 수 없다고 생각했고 〈딩동댕 유치원〉의 다른 사람 캐릭터들과 친구처럼 대화하니 당연히 본인 또래의 친구라고 생각했다. 아이들의 때 묻지 않은 순수함에 깊이 감동했다.

'댕구맘'이다 보니, 원고 회의 때 자꾸만 댕구를 주인공으로 하는 아이템을 제시해서 편파적(?)이라는 비난도 받았다. 댕구가 문제를 일으켜도 장난을 쳐도 워낙 사랑스러운 캐릭터라서 원고 내용상 전개가 쉬웠다는 변명을 해본다. 댕구와 함께한 에피소드 가운데 기억에 남는 편은 '댕구는 물건이 아니야' 편이다. 유기견 댕구가 〈딩동댕 유치원〉을 찾아오는 여정을 담은 내용인데, 학대받고 버림받은 댕구를 딩동댕 친구들이 다정하게 배려해준다. 아이들이 댕구를 더 깊게 이해하고 사랑하게 되는 에피소드였다. 〈딩동댕 유치원〉 종영 후 댕구를 부활시켜달라는 시청자들의 간절한 청탁(?)을 받기도 하는 캐릭터라서 댕구의 엄마로서는 정말 뿌듯하기가 이루 말할 수 없다. 언젠가 댕구를 주인공으로 하는 콘텐츠를 따로 제작하고 싶은 마음도 있으니 댕구를 사랑하는 분들은 조금만 기다려주시길.

고양이 캐릭터 '샤샤'는 강아지 댕구와 달리 고양이라는 것만으로 〈딩동댕 유치원〉에 출연할 기회를 바로 얻은 캐릭터이다. 요즘에는 전 세계적으로 고양이들이 반려동물로서도 캐릭터로서도 많이 사랑받고 있지만 본래 고양이는 '불길한 동물' 혹은 '재수 없는 도둑고양이'로 배척하는 경우가 많았다. 반려동물로도 개가 주류라면 고양이는 비주류였다. 소외되고 차별받는 존재라면 새로운 〈딩동댕 유치원〉에서는 바로 주인공이 될 수 있는 티켓을 갖는다. 샤샤는 화려한 노래와 춤, 깜찍한 외모로 출연하자마자 큰 사랑을 받았다.

샤샤는 코로나 팬데믹이 끝나갈 즈음 탄생한 캐릭터였다. 뮤지컬 스타를 꿈꾸었지만 코로나 유행으로 모든 공연이 중지되어 오갈 데가 없는 예술가였다. 버스킹 공연을 하면서 근근이 살다가 〈딩동댕 유치원〉에 안착하게 된다. 아이들도 우리와 같은 시대를 살아가고 있고 사회에서 일어나는 일을 알고 있기 때문에 현실적인 요소를 캐릭터에 많이 반영하려고 노력했다. 아이들은 치즈 태비 고양이 샤샤 역시 편견 없이 사랑해주었다.

새로운 〈딩동댕 유치원〉에서는 아이들이 이제까지 보고 들어온 것과는 다른 존재를 만나고, 함께 어울려 놀며 친구가 되는 이야기를 들려주고 싶었다. 누구나 개성이 있듯 결핍이 있고, 나와 달라도 얼마든지 친구가 될 수 있다는 보물 같은 진실을 알려주고 싶었다.

어른들의 세계는 이미 두꺼운 경계가 그어져 있고, 높디 높은 벽으로 막혀 있었다. 하지만 아이들은 달랐다. 성별, 나이, 외모, 지역을 떠나 상대를 있는 그대로 받아들이고 진심으로 마음을 나누는 아이들의 순수함에 놀라고 감동했다. 프로그램을 통해 아이들에게 알려줄 필요도 없이, 아이들 본연의 마음을 그대로 프로그램으로 옮기면 되는 작업이었다. 매번 아이들에게 배운다는 생각을 하며 프로그램을 제작한다. '댕구'와 친구들은 제작진이 기획하였지만 우리 캐릭터들에게 살아 있는 숨결을 불어넣은 것은 언제나 아이들이었다.

샤샤, 딩동샘 그리고 댕구

딩동샘과 댕구의 댄스!

남들이 안 하는 건
다 이유가 있는 거지!

이지현

2022년 늦봄이었다. 30년 경력의 다큐 작가에게 전화를 걸어 〈딩동댕 유치원〉을 함께 하자고 '뜬금없는' 제안을 했다. 지금에 와 생각하면, 이 통화가 넓게는 〈딩동댕 유치원〉의 막 꿈틀거리기 시작한 변화의 싹에, 좁게는 내가 PD로서 해보고 싶었던 혁신적 시도에 무게와 속도를 실어준 커다란 전향점이었다.

조금 더 과거로 되감기 해보자. 2022년 초봄이었다. 다양성 캐릭터들이 갖춰진 판에 어떤 색깔의 내용들을 깊이 있게 펼쳐낼 것인지 한창 고민 중이었다. 장애, 다문화, 성평등, 심지어 유기견 등 대표성을 띤 캐릭터들을 설정해놓고, 사실 6개월 간은 '제대로' 써먹지도 못하고 있는 느낌이었다. 캐릭터들의 과거 서사도 명확하게 보여준 적이 없고, 개개인의 성격 특성도 깊이 있게 파고들어간 적이 없었다. 휠체어 장애 아동인 하늘이만 해도 이 아이를 통해 나올 수 있는 수많은 아이템과 드라마가 얼마나 많은가. '하늘이의 등원길에서 보여줄 수 있는 장애인 관련 사회적 인프라 문제', '장애인을 언제 어떻게 도울지에 대한 가이드', '장애 아동과 그 가족 구성원 사이의 이야기' 등등. 당시 내 머릿속에 우리 캐릭터들을 중심으로 떠오르는 수많은 아이템을 크게 묶을 수 있는 타이틀은 '사회적 감수성 교육'이었다. 꼭 교육해야 하지만 그 내용이 무겁고, 어렵고, 민감하기도 해서 40년 역사의 〈딩동댕 유치원〉에서도 이 주제를 본격적으로 코너화했던 적이 없었다. 어쩌면 이렇게 말할 수도 있겠다. '국내 최초 남들이 안 한' 유아 대상 기획.

"남들은 왜 안 해?"
"무겁고, 어렵고, 민감하니까."
"그럼 넌 왜 해?"
"재미도, 의미도 있으니까."

일타쌍피. 재미와 의미가 동시에 있는 일. 이 얼마나 해 볼 만한가. 그렇다면 이 고난의 행군이 될 미래가 안 봐도 비디오인 상황에서 나와 함께 일해줄 방송 역군! 그 사람이 바로 정명 작가였다.

정명 작가와는 신입으로 입사해, 조연출 생활을 할 때부터 알고 지냈다. PD가 된 첫 해 〈선생님이 달라졌어요〉, 〈왜 우리는 대학에 가는가〉라는 다큐멘터리를 연출했을 때도 그와 함께했다. 띠동갑 나이 차이가 났지만 친구 같은 편한 관계였고 서로에 대한 신뢰가 있었다. 무엇보다 이분의 '진정성'을 알고 있었다. 그러나 내가 아이를 낳고, 어느 순간부터 다큐를 떠나면서 함께 일하고 싶어도 못 하겠거니 하고 있었다. 하지만 '사회적 감수성 교육'을 하겠다고 마음먹었을 때 신의 계시처럼 그가 찰떡이라는 생각이 들었다. 전화를 했을 때, 처음에는 당연히 정명 작가도 "제가? 유아요?"라며 망설였다. 하지만 내 고민과 취지를 듣고, 숙고하신 뒤 결국 한배를 타셨다.

처음으로 그녀와 함께 사회적 감수성 기획 아이템 26편을 방송했던 '딩동, 고민 있어요!' 코너는 주요 메시지를 크게 세 가지로 구성했다.

먼저, 우리는 서로 다르지만 공존해야 한다는 것. 이 부분에 성평등, 장애, 다문화, 조손 가정, 이혼 가정 등 다양성에 관한 아이템들이 포함되어 있다. 점자를 중심으로 시각 장애에 관해 소개했던 '6개의 점', 하늘이를 주인공으로 휠체어 장애를 다룬 '도움이 필요할 때 도와요'. 장애를 다룬 이 두 편의 방송에서는 시각 장애인 고수빈 씨와 휠체어 장애인 김지우 씨가 출연해 그들이 겪고 있는 차별과 비장애인들이 어떻게 그들을 대해야 하는지 이야기해주었다.

김지우 씨는 장애인이라고 해서 항상 도움이 필요한 것은 아니기 때문에 도움을 요청할 때 도와야 한다는 가르침을 주었다. 고수빈 씨도 비장애인과 마찬가지로 자신도 원하고 노력하면 해낼 수 있다면서 '할 수 없는 것'이 아니라 '할 수 있는 것'을 봐달라고 조언했다. 나 역시 녹화장에서 당사자의 입으로 그들의 입장을 들으며 배웠고, 그제야 처음으로 우리 캐릭터 하늘이의 마음을 실제로 듣게 된 느낌이었다.

'싫은 건 싫다고 말해요' 편에서는 신체 자기 결정권을 다뤘는데, 신체 접촉을 불편해하는 조아가 친구에게 어떻게 자신의 의사 표현을 할지 보여주었다. 마리는 반가워서 인사하거나, 놀 때도 스킨십을 편하게 하는 성격이라 포옹하고, 손잡고, 간지럽히는 장난을 좋아한다. 반면에 조아는 조심스럽고 자신의 경계가 조금 더 강해서 이런 마리의 행동을 불편하게 느낀다. 그렇게 불편함이 쌓여 사이가 멀어지다가 딩동샘을 통해 조아가 마리에게 솔직한 마음을 표현한다. 그 의사를 상대방도 존중해주었을 때, 둘 사이에 적절한 사회적 거리를 확보할 수 있다는 점을 보여주었다.

'입고 싶은 걸 입어요' 편에서는 성 역할에 대한 고정관념을 깨나가는 이야기를 중심으로 다뤄 성 인지 감수성을 높이고자 했다. 체육을 사랑하는 태권 소녀 하리와 책을 사랑하는 문학 소년 조아가 한국 사회에서 어린 시절에 겪을 법한 차별적 상황을 다양하게 보여주었다.

조아는 등원길에 이웃 할머니, 할아버지에게 옷 색깔이 여자애 것 같다거나 남자애는 걸음걸이가 더 씩씩해야 한다는 말을 듣는다. 한편 바지가 편하다는 하리는 선물 받은 치마를 입으라는 엄마와 실랑이하기도 한다.

나의 유년 시절을 돌아보면, 하리 같았던 (사실은 더 기가 세고, 고집도 셌던) 나 역시 이 대사들보다 훨씬 더 심한 말들에 시달렸다.
"여자애가 저래서 어떻게 시집을 가겠나."
'저래서'라는 말 속엔 내 행동들에 대한 못마땅함이 얼마나 많이 응축되어 있었을까. 시집을 '안 가는 것'이 아닌 '못 가게 될 것'만 같은 나의 '저런' 행동들을 어떻게 해서든 제지하고 싶었던 나의 수많은 주변인. '저런' 행동을 하는 '여자애'에 대한 교화 작업은 참으로 끈질겼고, 지금도 이해하기 힘든 부분은 그 주변인들 가운데 본인도 한때 여자애였던 분들이 참 많았다는 점이다.

다양한 가족의 형태에 관한 기획 아이템으로는 '조아의 가족을 소개합니다', '마리의 가족을 소개합니다'를 제작했다. 프로그램에서 처음 부모의 이혼으로 조손 가정에서 자라고 있는 조아의 가정 배경을 다루었고, 마리 역시 멕시코 어머니와 한국인 아버지 사이에서 태어난 다문화 가정의 아이라는 점을 보여주었다. 아이들에게 당연히 엄마와 아빠가 있고, 당연히 부모가 화목하고, 당연히 한국에서 한국인으로 살아가는 가족 형태에서 벗어난 가족의 모습을 보여주고 싶었다. "그게 당연한 것 아냐?", "그게 정상 아냐?"라는 말이 갖는 폭력성. 그것이 '가족'이라는 일상의 상황에 적용되었을 때, 내 가족이 '당연하지 않고 비정상적인 형태'로 규정되었을 때 우리는, 특히 아이들은 얼마나 잦은 폭력을 감당해야 하는 걸까? '비정상'이라고 감히 말할 수 있는 가족은 없다는 것을 상처받은 아이들이 알았으면 하는 에피소드였다.

'그 말이 어때서요?' 편에서는 선입견으로 여러 상황에서 무심결에 내뱉는 우리의 차별적인 일상 언어들을 다루었다. 딩동 마을 딸기 회장은 '마상탐지기'를 가지고 다니면서, 우리의 말들 중에 남에게 상처 주는 말을 찾아내 경고를 준다. 다람쥐가 코끼리에게는 '의사 선생님'이라고 부르고, 곰에게는 '떡집 아저씨'라고 부르는 상황에서 '선생님'과 '아저씨'라는 호칭에 녹아 있는 차별을 짚어낸다. 또 부엉이가 아이들에게 '딩동팰리스'와 '딩동빌라'에 사는 둘이 어떻게 친구가 되었냐며 비아냥거린다. 그때, 딸기 회장은 밤에 활동하는 당신이 낮에 활동하는 우리와 어울리지 못하게 하면 좋겠냐며 반문한다.

'우리가 서로 다르지만 공존'해야 한다는 것. 장애와 비장애, 주류 문화와 다문화, 성별, 빈부, 직업에 대한 인식 등 그 모든 '다름'을 넘고, 차별을 깨는 것. 편견, 선입견 또는 무지 때문에 자신들도 모르게 행하는 차별은 생각보다 가까이 그리고 빈번하게 어린이들의 세상에까지 침투해 있다. 차별하는 것은 어른들, 때론 친구들, 때론 (수많은 사회적 인프라를 포함한) 사회 구조 그 자체다. 아이들은 그 수많은 것으로부터 지속적으로 차별을 겪는다. 나 역시 그랬고, 내 아이들에게도 역시 현재 진행형이다. 여러 초청 강연에서 "아이들의 세상에서는 그 누구도 차별받지 않고, 차별에 익숙해지지도 않았으면 합니다"라고 말했던 것처럼 세상이 조금이라도 변화하기를 바라는 마음을 담아 제작한 에피소드들이었다.

두 번째 주제는 '유아 프로그램에서 금기시된 것들에 대한 도전'이었다. 어른들 입장에서 설명하기 어렵고, 불편한 이야기들을 아이들이 쉽게 이해할 수 있도록 해주고 싶었다. '마리가 거미가 됐어요!' 편에서는 유아 대상으로 일어나는 디지털 성범죄 예방 가이드를 다뤘다. N번방 사건을 보고 한창 분개하던 시점에 기획해서, 마지막 에필로그에서는 실제 범죄자의 체포와 경찰서 연행 장면을 손인형으로 패러디해 보여주기도 했다.

'엄마, 아빠는 왜 싸워요?' 편에서는 아이들이 가장 많이 겪는 부모의 싸움 원인은 아이들 때문이 아니라는 것을 알려주는 메시지를 담았다. 이 에피소드는 방송 후에 특히 많은 학부모가 시청자 게시판에 반성문을 올리시기도 했다. 글에 인용한 아이의 말이 귀여우면서 안쓰럽기도 했다. 또 아이의 마음을 알게 된 부모의 반성에 안도하면서 뿌듯했다.

아침부터 첫째한테 혼났어요.
"엄마! 내가 아빠랑 싸우지 말라고 했지? TV 봐봐! 저기에도 나오잖아!"
아이들 보고는 친구랑 싸우지 말라 하고, 남편하고 가끔 의견차로 큰 소리 내고……. 애들이 그 순간 눈치 보는 건 알았지만 TV에 똑같은 상황이 나오니 많은 생각이 들고 반성하게 됐어요.

— 시청자 게시판 글 중에서

평소에 저희 아이도 저와 남편이 싸우면 많이 불안해하는 터라 오늘 방송 주제가 정말 반가웠어요. 아이에게 "너도 하늘이 같은 마음이 들어?" 하고 물었더니 "아니, 나는 그것보다 더 심해. 기절할 것 같은 느낌이야"라고 대답해서 그 정도로 싸우지는 않는데 싶어서 당황스러우면서도 아이가 안쓰러워서 미안하더라고요. 꼭 필요한 주제들로 아이들 마음을 헤아려주셔서 진심으로 감사드려요. 오늘도 좋은 방송으로 저희 아이가 쑥쑥 크네요.

— 시청자 게시판 글 중에서

    오늘 주제는 특히나 부모님들이 더 시청해야 할 내용인 듯했어요. 사소한 일로 부부싸움을 하면서도 내 감정만 중요했지, 그 순간 아이들 마음은 등한시한 듯합니다. 싸운 후, 화해하는 모습을 아이들에게 보여줘야겠고, 이 싸움이 너희들 때문이 아니라 생각이 달라서라고, 꼭 얘기해줘야겠어요. 오늘은 엄마인 제가 더 열심히 시청했고 반성도 해봅니다.

— 시청자 게시판 글 중에서

    '댕구는 물건이 아니야!' 편에서는 처음으로 강아지 캐릭터 댕구의 과거사가 공개되었다. SNS 팔로워를 올리려고 댕구를 이용한 주인이 댕구가 다 자라자 유기하게 되고, 길거리를 떠돌다 〈딩동댕 유치원〉으로 오게 되었다는 이야기를 그렸다. 동물권의 중요성과 생명에 대한 책임감을 심어주고자 기획했다.
    '잘 가, 금붕어야!' 편에서는 반려 금붕어의 죽음을 매개로 아이들이 '죽음이 무엇인지'를 이해할 수 있도록 설명했다. 아이들이 커갈수록 자주 '죽는다'라는 말을 사용하기도 하는데, 사실 정확한 의미를 모르고 쓴다고 생각했다. 실체와 그 말의 의미를 잘 알지 못하면, 경박하게 남용하거나 과도하게 두려워할 수 있다. 그래서 더 잘, 더 쉽게 '죽음'을 알려주고 싶었다.

먼저 우리가 움직이고, 말하고, 웃고, 먹고 또 잠을 잘 때도 심장은 일을 하는데 심장이 뛰지 않으면, 숨도 쉬지 않고, 움직이지도 않게 되는 상태를 우리는 '죽었다'라고 말한다면서 죽음의 사전적 정의를 귀여운 캐릭터 인형과 일러스트를 활용해 설명했다. 그리고 울프 닐손의 《세상에서 가장 멋진 장례식》이라는 동화책에서 영감을 얻어 금붕어의 장례식도 아이들이 직접 치러보는 장면을 넣었다.

딩동샘은 아기가 태어나 어린이, 청소년기를 지나서 청년이 되고 나이가 들어 노인이 되는 '일생'을 알려준다. 그리고 사람뿐 아니라 동물과 식물도 모두 언젠가는 죽음을 맞지만 가장 중요한 건 살아 있을 때 함께한 추억을 소중하게 간직하는 거라며 아이들이 죽음을 이해하고 자연스럽게 받아들일 수 있도록 찬찬히 설명한다.

마지막에 조아가 자신을 키워주시는 할아버지의 흰 머리카락과 눈가 주름을 만지면서 "할아버지도 죽어요?"라고 묻는 장면에서는, 편집할 때마다 할아버지가 된 나의 아버지 생각에 훌쩍거리기도 했다.

죽음, 유기견, 디지털 성범죄, 부부싸움 같은 아이템들이 그동안 '금기시'되었던 이유는 기본적으로 이런 이야기들이 모두 '지나치게 어두운 주제'이기 때문이었다. 밝고 명랑하고 씩씩한 것을 지향하는 것을 당연한 미덕으로 여기는 유아 프로그램에서 '굳이' 도마 위에 올릴 이유가 없다고 판단한 아이템들이다. 하지만 단언컨대 나는 내 아이에게 이 주제들이 '굳이'가 아니라 '필히' 알아야 하는 것들이라고 믿는다. 물론 이렇게 어둡고 무거운 이야기를 쉽고 재미있게 만드는 작업은 생각보다 훨씬 더 고단했다.

"그래서! 남들이 안 하는 건 다 이유가 있는 거지."

그렇다. 하지만 그걸 해내야만 혁신이 가능한 것 아니겠는가. 유아 프로그램이 늘 그게 그거, 고인 물이라는 말을 듣지 않을 혁신 말이다.

마지막 세 번째 주제로는 '반발 앞선 미래에 대한 과감한 상상'을 시도했다. 사실 아이를 낳고 나서부터는 뉴스를 볼 때마다 이전과는 다른 느낌이었다. AI 기술 발전, 생명 연장, 지구 열탕화 등 쏟아지는 뉴스들은 이제 남 일이 아니라 '우리 아이들'의 일이었다. 그래서 프로그램에서도 아이들의 관점에서 미래를 상상해보고, 그에 맞는 지식과 감수성을 키우면 좋겠다고 생각했다.

'우리 로봇이 달라졌어요' 편에서는 2007년 4월 10일 이탈리아 로마에서 열린 국제로봇자동화학회ICRA에서 발표한 〈로봇 윤리 헌장〉 중 6장 '사용자 윤리' 즉, 로봇 사용자는 로봇을 인간의 친구로 존중해야 하며, 불법 개조나 로봇 남용을 금한다는 내용에 집중했다. 유아에게 로봇 윤리 교육이라니! 말만 들어도 골치가 아플 것 같지만, 실제 방송에서는 이제는 아주 흔하게 구입할 수 있는 로봇 강아지와 인간과의 상호작용 과정을 담아 아이들이 쉽게 이해할 수 있도록 했다. 조아가 잃어버린 로봇 강아지가 여기저기서 다른 사람들의 손을 타면서 험한 말을 듣게 되고, 그것을 학습하면서 똑같이 험한 말을 사용하게 되는 과정을 담았다.

이미 멸종한 공룡이 시공간 타임슬립을 해서 현재 지구의 〈딩동댕 유치원〉으로 오게 된 이야기, '멸종을 선택하지 말라!' 편은 환경 감수성을 키우기 위한 기획이었다. 사실 지구 환경오염, 기후변화 문제는 유아 프로그램에서 꽤 자주 다뤘던 내용이었다. 흔하게 해오던 것이기 때문에 어떻게 하면 새롭게 보여줘서 메시지를 효과적으로 전달할 수 있을까를 깊이 고민했다.

그때 정명 작가의 아이디어 자료 조사 내용 중에 UNDP in Asia and the Pacific에서 제작한 '공룡 프랭키가 인류에게 전하는 메시지Frankie the Dinosaur has a message for Humanity'라는 유튜브 영상이 있었다. 멸종한 공룡이 UN포럼에 와서 연설을 한다는 아주 신선한 접근이었다. 그 영상에 착안해 과거에서 온 공룡이 우리 캐릭터들을 만나 〈EBS 뉴스〉에도 출연해서 온 국민에게 멸종을 선택하지 말라고 호소하는 인터뷰를 한다. 그리고 그 사건을 계기로 아이들이 어른들에게 환경 문제를 해결해나갈 것을 촉구하는 능동적인 주체로 성장해가는 모습을 그렸다. 한국의 그레타 툰베리가 나오길 바라며.

'냉동인간이 된다고요?' 편은 가장 오랫동안 원고를 붙들고, 고민하고 여러 차례 고쳐가며 진행한 아이템이었다. 인간의 생명 연장이 과연 득이기만 할까? 이 질문에 나와 정명 작가가 함께 꽂혀서 파고들었다. 그때 가장 강렬한 영감을 주었던 것이 다소 놀란 표정으로 정면을 응시하는 아기의 모습이 담긴 《타임Time》지 표지 사진과 카피 "이 아기는 124세까지 살 수 있습니다(This baby could live to 142 years old)"였다.

냉동인간 기계에 들어갈 수 있다면, 어떤 선택을 하겠냐는 김 박사의 질문에 아이들은 각자 다른 답을 내놓는다. 하늘이는 먼 미래에는 자신의 다리를 고치는 기술도 나올 테니 그때까지 오래 살기 위해서 냉동인간이 되겠다고 하고, 조아는 친구들이 없는 세상은 너무 외롭고 슬퍼서 냉동인간이 되지 않겠다고 말한다.

그리고 아이들과 헤어진 김 박사는 후에 아이들에게 자신이 다시 한번 엄청난 기술을 발명할 수 있다면, 사람이 더욱 사람답게 살아가기 위해 필요한 기술을 만들겠다는 다짐

○   2015년 2월 4주차(2월 23일~3월 2일) 발행호

과 약속을 담은 편지를 한 통 보낸다. 기술이 우리 삶에 순기능을 하기 위해서는 결국 얼마나 '사람이 사람답게' 살 수 있게 도움을 주는지가 가장 핵심이 아닐까.

그렇게 '남들이 안 하는 이유'는 분명히 알게 되었지만, '내가 해야 할 이유'가 더 많았던 26편의 에피소드를 기획하고, 촬영하고, 편집하고, 방송하며 6개월을 보냈다. 이 코너를 시작으로 정명 작가와는 2022년 늦봄부터 여름, 가을, 겨울 그리고 다시 봄, 여름, 가을, 겨울…… 그렇게 2년 6개월 쉬지 않고, 현실에 발 디딘 창조 작업을 함께 했다. 그 수많은 원고의 대사는 궁극적으로 나 자신을 사랑하고, 너를 사랑하는 방법을 다시 떠올리게 했다.

창작은 늘 영혼을 팔아야 하는 일이었지만, 이번엔 신기하게도 동시에 영혼이 차오르는 일이었다. 그건 분명 수백만 분의 일의 확률로 일에서 재미와 의미를 함께 느끼는 기적을 경험했기 때문이리라.

사회적 감수성 기획 에피소드
'도움이 필요할 때 도와요' (ⓒEBS 제공)

사회적 감수성 기획 에피소드
'엄마 아빠는 왜 싸워요?' (ⓒEBS 제공)

사회적 감수성 기획 에피소드
'우리 로봇이 달라졌어요'(©EBS 제공)

인형에게
생명을 주는 사람

김정재

짐 헨슨Jim Henson이라는 전설적인 인물이 있다. 미국 PBS/HBO의 〈세서미 스트리트〉, 영국 ITV의 〈머핏 쇼The Muppet Show〉 등의 프로그램에서 인형 출연자를 제작하고 연기한 사람이다. 짐 헨슨이 창조한 인형 캐릭터 가운데 우리나라에서도 유명한 캐릭터가 많다. 소셜미디어에서 밈으로 유명한 개구리 커밋, 미스 피기, 쿠키 몬스터, 빅 버드 등이다. 생동감을 넘어 위트 넘치는 성격이 특징이다.

우리나라에도 짐 헨슨이 있다. 오 부장님과 인형 연기팀 배우들이다. 1990년대에 우리나라에서 거의 유일한 '백조'라는 인형 연기 프로덕션이 있었다. 현재 〈딩동댕 유치원〉에 출연하는 인형팀 배우들도 '백조' 소속으로 활동했던 분들이다. 큰 활약을 했던 백조는 갑자기 발생한 화재 사고로 창고 인형들이 소실되었고 그 길로 대표님은 은퇴하셨다고 한다. 이후 연기자들은 독립적으로 인형 연기의 맥을 이어오고 있다.

오 부장님은 실제 직함은 부장이 아니고 경력으로 따지자면 방송사 본부장님 정도 되시리라 짐작하는데, 우리는 '오 부장님'이라고 부른다. 인형 연기팀의 리더인 오 부장님은 내가 본 사람 가운데 가장 직업 정신이 투철하고 일에 철저한 사람이다. 정말 자신 있게 '가장'이라는 수식어를 붙일 수 있다.

오 부장님은 청바지와 티셔츠가 아주 멋지게 잘 어울리시는데 평소 소식과 비건식으로 만들어낸 옷맵시다. 모두 인형 연기를 위해서다. 몸무게가 늘어나면 오랜 시간 앉거나 누운 자세로 연기하기가 어렵다. 인형이 사람과 같이 카메라 앵글 안에 잡히려면 화면 맨 아래에서 90cm 정도의 높이에 위치해야 한다. 모든 세트와 사람들이 높은 발판이나 계단 위로 올라가지 않는 이상 인형 연기자들은 앉거나 누운 자세로 연기할 수밖에 없다.

효율적으로 촬영을 진행하려면 정해진 시간 안에 최대한 많은 분량을 촬영해야 하는 TV 프로그램 제작 시스템상 보통 스튜디오 촬영은 열 시간 전후로 이루어진다. 그 오랜 시간 동안 앉거나 누운 채 손을 들고 인형 연기를 한다. 그래서 하중을 적게 받으려면 체중도 적게 나가고 체중 변화도 적게 유지해야 한다. 식생활까지 업무에 따라 조절할 정도로 관리에 철저한 배우들이기에 그들의 연기는 공감을 넘어 더 큰 감동을 준다.

　　인형 캐릭터는 대부분 표정을 지을 수 없다. 눈썹이나 눈 등 얼굴 근육을 움직일 수 있는 인형은 드물다. 하지만 우리 인형들은 표정이 풍부하다. 실제로 그런 것은 아니고 비유적인 표현이지만 '제대로 보고 있으면' 머리카락의 움직임, 손짓, 머리, 어깨의 움직임 등 다양한 움직임을 통해 감정을 표현하고 심지어 표정까지 지어 보인다. 기쁨, 슬픔, 안타까움, 장난스러운 표정까지 인간의 모든 표정이 가능하다. 인형 배우들이 각 캐릭터를 철저하게 분석하고 해석해 나온 연기라서 그런 게 아닐까 생각한다.

　　대부분 많은 PD를 비롯한 제작진이 간과하는 부분이 인형 연기에 대한 '철저함'이다. 대부분 '인형 연기는 (제한된 조건 안에서) 적당히 하면 되는 것 아닌가?'라고 생각하기 쉬운데, 그랬다가는 우선 오 부장님께 혼쭐이 나고 결국 시청자에게도 외면을 받기 십상이다. 어설프게 흉내 낸 연기는 시청자의 공감을 받을 수 없다.

　　인형 연기 연출을 시작한 지 얼마 안 되었을 때는 그 차이점을 잘 몰랐다. 말 그대로 '되는대로 하면 된다'라고 쉽게 생각했다. 그런데 막상 해보니 내 생각이 미치지 못한 부분이 너무 많았다. 휠체어를 타는 소년 하늘이는 일반 인형 출연자보다 더 신경 써야 할 부분이 많았다. 화면 안으로 인/아웃할 때도 하늘이의 휠체어 바퀴와 인형이 동시에 움직여야 하기 때문에 멀리 이동하기가 어려웠다. 출연자 위치와 동선 등을 정하는 콘티를 짤 때부터 이러한 부분을 세심히 고려해야 했다. 하늘이의 위치는 이동 거리를 짧게 하기 위해 다른 인형들보다 처음부터 화면 중심보다는 바깥쪽에 배치했다.

인형 전문 배우들에게도 연기하기가 가장 까다로운 인형이기 때문에 하늘이는 오 부장님이 연기를 맡으셨다. 원고 검토 단계에서도 휠체어를 타는 사람이 할 수 없는 자세나 행동을 하지 않도록 꼼꼼하고 섬세하게 신경 썼다. 간혹 작가와 PD가 둘 다 그런 세부 사항을 놓치는 경우엔 하늘이를 가장 깊게 이해하고 계신 오 부장님께 한소리 듣기 일쑤였다.

"하늘이가 어떻게 그 위에 올라갈 거야?" "아, 생각을 못 했네요. 부장님, 어쩌죠?" 하는 식의 대화가 반복되었다. 연출상의 문제가 있어도 결국엔 인형 연기자들의 경험에서 우러나는 재치와 기지로 해결되는 경우가 많았다.

하늘이에 대한 이해와 애정이 가장 깊어서인지 오 부장님의 연기는 섬세했다. 그 세심한 해석을 바탕으로 한 창의적이고 탁월한 표현으로 하늘이는 초기 설정보다 더 용기 있고 탐구심 있는 캐릭터로 멋지게 성장했다. 말 그대로 오 부장님이 '업어 키운' 캐릭터가 되었다.

프로페셔널 오 부장님과 인형 연기팀에게 혼이 난(?) 적도 많긴 하지만, 우리 인형 배우들은 아주 유머러스한 사람들이다. 고된 촬영을 10시간 넘게 해도 항상 웃으면서 임한다. 어린이극이지만 그 안에 녹아 있는 유머 코드를 놓치지 않고 살려낸다. 엄격한 어린이 프로그램 기준상 방송에는 나갈 수 없는 대사와 연기가 즉흥적으로 나올 때면 우리끼리 웃겨서 깔깔대기도 여러 번이었다.

짐 헨슨 역시도 유머러스하고 웃음이 많은 사람이었다고 하는데, 스태프들의 합이 잘 맞아 웃음소리가 넘치는 촬영장의 결과물은 역시나 웃음이 많이 담겨 있고 시청자에게까지 그 에너지가 전달되는 듯하다. 어린이 프로그램에 웃음과 사랑, 행복이 없다면 무슨 의미가 있을까. 어린이 프로그램의 의미를 깨우치는 나날이었다.

사실 오 부장님과 인형 배우들을 영상 기록으로 담아 다큐멘터리를 만들고 싶은데 여러 번 거절당했다. "아이들을 위해 신비롭게 남아 있어야 한다"라는 게 이유였다. 백번 이해되는 이유이지만 고작 일고여덟 명 남은 연기자가 전부인 우리나라 손인형 연기자들을 기록하고, 이 업계로 인재들을 유인할 수 있는 계기가 되면 좋겠다고 생각했다. 정확한 이유는 모르지만 인형 연기를 배우고 도전하는 사람은 드물다. 요즘 젊은 세대에게 고된 업무에 비해 그에 따르는 보상이 매력적이지 않은 것일까 짐작해본다. 이대로 인형 연기의 맥이 끊기지는 않을까 걱정이 앞선다.

인형 연기가 어린이 프로그램에만 국한되는 것은 아니지만 주된 수요는 어린이 프로그램이라는 점을 고려할 때 어린이 프로그램 제작 물량과 예산은 계속 줄어들고 있기 때문에 나의 이런 걱정은 기우가 아니다. 교육 공영방송인 EBS 역시 제작비 감액에서 자유롭지 않다. 〈딩동댕유치원〉은 방송통신발전기금을 받아 제작되는데 프로그램에 배정되는 예산이 해마다 줄어드는 실정이다. 인형극의 경우 우선 인형이 필요하고, 배우들이 필요하고, 제작 시간도 더 오래 걸린다는 제약이 있다. 품과 돈이 많이 드는 작업이다. 그렇기 때문에 시청자에게 주는 재미와 감동이 더 크지만 인형극은 방송에서 사라질 위기에 놓여 있다. 그럼에도 〈딩동댕 유치원〉에서만큼은 인형과 인형극을 지켜가길 희망한다.

PD, 작가, 인형 연기자, 촬영 감독 등 다양한 역할의 스태프들이 어린이를 사랑하고 어린이를 위한 방송을 만들기 위해 노력하는 마음 하나로 모여 프로그램을 만들어가고 있다. 저마다의 직업의식과 사명감도 있겠지만 어린이에 대한 진심이 곧 우리의 자부심이다. 인형으로만 표현할 수 있는 상상의 세계, 그 안에 깃든 귀여움과 순수함이 있다. 세상의 논리에서 그 영역만은 자유롭길 바라면서 어린이들이 그 세계를 계속 경험할 수 있도록 우리는 계속 노력할 것이다.

수면 아래 백조의 발처럼 화면 아래에서 분투하는 멋진 그녀들이 있기에

Part 2

전지적 어린이 시점으로

'한국의 줄리아를 만들 수 없을까?'
'잘할 수 있을까?'
'어설프게 하다가 괜한 논란만 일으키는 것 아닐까?'
'캐릭터를 더 늘리면 제작비는 감당할 수 있을까?'

어떻게 보여줄까?

김정재

"국내 어린이 프로그램에서 이런 시도는 처음입니다!"

동요를 수어로 부르는 수어 동요 코너를 제작할 때 수어통역사협회 관계자가 했던 말이다. 이제까지 동요를 주제로 하는 어린이 프로그램은 많았지만 동요를 수어로 불러본 적은 없었다. 나 역시 수어를 접할 일은 공영방송 뉴스의 수어 통역이나 교회 예배 시간 중계를 통해서가 거의 전부였다. 그런 수어를 어린이들에게 소개해야겠다고 마음먹게 된 데에는 미국 드라마 〈ER〉의 영향이 있었다.

평소 미국 드라마를 상당히 많이 보고 좋아하는 편인데 특히 의학 드라마를 좋아한다. 그 가운데에서도 원조격으로 불리는 〈ER〉은 응급실에 근무하는 의사들을 다룬다. 보고 또 봐도 재미있다. 내가 특히 이 드라마를 좋아하는 이유는 삶에 대한 애착과 진득한 사람 사이의 관계를 느낄 수 있기 때문이다.

〈ER〉에는 다양한 인종, 배경, 성적 지향 등을 가진 주인공들이 등장하는데, 그 가운데 흑인 외과의 피터가 있다. 자존심 강하고 잘나가는 젊은 외과의사 피터의 아들은 청각 장애인이다. 극 중 주요 무대가 되는 1990년대 미국 주립 병원은 이미 직원들을 위한 유아 데이케어센터를 운영하고 있는데 피터는 맡긴 아이를 보러 갔다가, 동요 시간에 혼자 듣지 못해 고립된 아이를 본다. 마음 아파하던 피터는 아이에게 재빨리 다가가서 수어로 열심히 노래를 불러준다.

이 장면에 감동해 눈물을 흘리다가 〈딩동댕 유치원〉에서 수어로 동요를 불러야겠다는 생각이 들었다. 노래를 들을 수 있는 아이는 수어를 배우고, 청각 장애인은 수어로 동요를 배우는 코너를 만들어보자.

당차게 회의 시간에 아이디어를 꺼냈다가 "청각 장애인을 위한 자막이 나가는 데 꼭 필요한 코너일까?"라는 의견을 일차적으로 듣긴 했다. 하지만 수어로 동요를 부를 때 청각 장애인 아이만 보는 것이 아니라 〈딩동댕 유치원〉을 보는 많은 아이가 수어로 부르는 동요를 함께 본다는 사실이 중요한 기획이었다. 아이들이 누군가는 왜 수어로 노래를 불러야 하는지 궁금해하기를 바랐다.

장애를 이해하려면 먼저 알아야 한다. 그래도 우리 사회가 "왜 장애를 이해해야 하냐?"라고 묻는 수준은 아니라고 생각하기에 강하게 의견을 말했고, 결국 이 기획에 공감해준 몇몇 팀원의 뜻이 모아져 '수어 동요 코너'가 탄생했다. 방송 후에 시청자 의견 게시판에는 "우리 아이가 수어를 궁금해한다", "청각 장애를 어떻게 설명해야 하는지 어려웠는데 잘 설명할 수 있었다"라는 의견들이 올라왔다. 가장 뿌듯한 순간이었다. 물론 청각 장애가 있는 아이들이 프로그램을 보고 친구들과 함께 신나게 따라 하는 모습을 보게 된다면 더 뿌듯할 것 같다.

지난 2년여 간 〈딩동댕 유치원〉을 제작하며 장애를 노출해 아이들이 쉽게 접할 수 있도록 하려고 끊임없이 노력했다. 더 자주, 더 많이 접해야 다르거나 이상하다고 인식하지 않는다. 실제로 아이들은 편견이 비교적 적기 때문에 처음에는 다름을 알았더라도 금방 장애 그 자체를 인정하고 필요할 때만 배려한다. 선천적인 장애가 있어 휠체어를 타는 출연자 선율이를 대할 때도 마찬가지였다.

처음에는 다른 어린이 출연자들이 어색해하는 것 같았다. 그도 그럴 것이, 아역이지만 방송 경험이 많은 아이들이라서 방송국에서 하는 촬영에 대해 잘 안다. 어떻게 해야 효율적으로 시스템이 돌아가고, 실수는 하면 안 되는 것이고,

하는 그런 암묵적인 룰을 경험으로 이해하고 있는 친구들이다. 그런데 어느 날 촬영하러 와 보니 휠체어를 탄 친구가 있어서 놀랐을 것이다.

그래도 아이들은 "선율이 넌 여기 왜 왔어?"라고 묻지 않고 자연스럽게 어디가 아픈지, 휠체어를 이용하지 않으면 안 되는지 등 선율이의 장애에 대해 물어보더니 선율이와 순식간에 친해졌다. 하루에 여러 편을 찍는 데일리 프로그램 특성상 출연자들은 몇 시간씩 같이 차례를 기다렸다가 촬영한다. 힘든 시간을 함께 겪어서 동료애가 싹텄는지 아이들은 정말 신기할 정도로 빨리 친해졌다.

물론 진땀 나는 아찔한 순간도 있었다. 한 아역 배우가 "왜 선율이만 휠체어 타요? 나도 휠체어 타고 싶어요"라고 했을 때 어떻게 대처해야 할지 몰랐다. 선율이가 익숙한 듯 무던하게 넘겨서 큰 무리 없이 지나갔지만, 그냥 철없는 한 아이의 말이라고 치부하기엔 정말이지 장애에 대한 우리 사회의 이해 수준과 다를 바가 없어 안타까웠다. 더욱더 장애를 많이 노출해야 한다는 생각이 들었다.

세트 디자인도 장애에 대한 이해를 높이는 한 요소였다. 〈딩동댕 유치원〉의 손인형 캐릭터 하늘이도 휠체어를 타기 때문에 기획 처음부터 세트에 경사로를 포함했다. 또 장애인을 위한 경사로가 있다는 작은 표지판도 특별히 제작해 설치

했다. 과거 비교적 평면적이었던 세트에서는 보기 어려웠던 시도와 변화였다. 하늘이를 위한 경사로는 실제로 휠체어가 이동할 일은 없었다. 하늘이는 손인형 배우들이 조작하기 때문에 카메라 각도를 잘 계산해서 경사로를 오르는 것처럼 연출해 촬영한다. 그런데 선율이는 직접 휠체어를 타고 올라갈 수 있어야 했다. 그래서 경사로 세트를 처음부터 다시 디자인했다. 세트와 세트가 이어지는 부분에 진짜 휠체어가 올라갈 수 있도록 경사로 폭을 조정하고 바퀴가 걸리지 않게 장애물을 모두 없앴다. 선율이는 새로운 세트를 처음 선보인 날 휠체어를 타고 직접 경사로를 오르며 재미있어했다.

선율이는 누가 봐도 참 예쁜 아이다. 성격도 매우 사랑스럽고 귀여운데, 그와는 별개로 외모가 아이돌 같이 예쁜 친구다. 사실 섭외를 하고 나서 그 부분이 마음에 걸렸다. 아이들이 장애가 있든 없든 함께 어울리기를 바라는 의도였는데, 외모가 예쁘니까 장애가 있어도 괜찮다고 받아들이지는 않을까 고민이 되었다.

미국 배우 젠다이아가 한 인터뷰에서 스스로 "할리우드에서 받아들여지는 흑인"이라고 말했다. 이는 다른 흑인 여성보다 자기 피부색이 비교적 밝아서 섭외가 잘되고 인기를 끈다는 의미였다. 〈딩동댕 유치원〉에서도 외모가 예쁜 장애인은 괜찮고 평범한 외모의 장애인은 출연할 수 없는 것으로 생각할까 봐 걱정이 되었다.

하지만 그런 걱정이 무색하게 선율이는 내 고민을 깨끗하게 날려주었다. 함께 촬영하면 할수록 연기도, 노래도, 춤까지도 훌륭하게 해냈다. 성장하는 모습이 보이는 출연자였다. 다른 아역들과 똑같이 실력으로 스스로를 증명하는 당찬 배우였다. 선율이를 보면서 장애가 있고 없고를 나눌 필요가 없음을 다시 한번 확인할 수 있었다. 장애를 더 가깝게 느끼고 이해하길 바란 기획을 기대 이상으로 실현해준 출연자들에게 감사하다. 그리고 나를 포함한 제작진을 성장하게 해준 선율이에게 특히 고맙다. 〈딩동댕 유치원〉 촬영을 진행하지 않는 지금도 소셜미디어를 통해 선율이의 일상을 접한다. 열심히 재활 치료를 하는 모습이 멋지고 천진한 미소가 사랑스러워 볼 때마다 항상 웃음이 난다. 앞으로도 계속 멋지게 성장해나갈 선율이의 모습을 기대하고 응원한다.

발레리나 김주원과 함께한 예술 교육 코너
'꿈이 있어 행복해요' 편에 출연한 선율

감정 교육 코너 '마음이 송송해?—덜덜덜 무서워' 편에서 집중해 연기하는 선율

별이를 품고,
키우고, 낳기까지

이지현

상자 쓴 아이°

('안녕, 별아?' 삽입곡, 글. 신소명 / 곡. 노신영)

나는 머리에 상자를 쓰고 태어났어.
사람들은 상자를 두들겨댔어.
내가 상자를 썼다는 것 때문에.

난 슬펐어.

° 신소명 지음, 곽규섭·김동현·정종필·서명수 그림, 《상자 쓴 아이》, 손들(2019)에서 발췌

하지만 아무도 모르지.
상자가 꿈꾸는 보물섬이라는 걸.
난 나의 세상에서 행복해.
어느 날 한 아이가 다가왔어.

"네 머리에 쓴 상자 근사하다.
나도 네 상자 안에 들어가보고 싶어.
허락해줄래?"

말없이 고개를 끄덕였어.

잠시 후 상자 안에서 우리는 서로 마주 보았지.
아이가 말했어.

"이야, 멋있다.
이 안에서 넌 여행을 하고 있었구나."

그 순간, 우리 사이에 음악이 꽃처럼 피어났어.
우리는 서로의 손을 잡고, 춤을 추기 시작했어.
하늘의 별빛이 쏟아지고, 강물도 우리를 따라 넘실거렸어.
우리는 조각배에 몸을 싣고 모험을 떠나.

어느덧 조그만 섬에 도착하지.
그 섬은 온통 꿈으로 반짝거려.
꿈을 캐는 요정들이 손을 흔들어.
요정들은 꿈을 먹고 자라 날개를 얻지.
요정들이 날아와서 우리와 숨바꼭질을 하고 놀아.

우리의 웃음소리가 햇살이 되어 세상을 빛으로 물들여.
빛은 서로의 마음을 따뜻하게 감싸안아.

"너도 나와 함께 춤추지 않을래?"

한창 별이를 기획 중이던 어느 날 정명 작가가 '안녕, 별아?' 편의 구성안과 함께 《상자 쓴 아이》라는 책을 가지고 왔다. 동화책치고는 꽤 두꺼웠다. 네 명의 발달 장애 그림 예술가가 3년간 그린 그림을 글과 함께 엮어서 낸 책이었다. 그 책은 무척 서정적이고, 은유적인 방식으로 발달 장애인의 내면 세계, 소통 방식의 전환 그리고 공존하는 세계로의 확장을 담아내고 있었다. 책 내용을 모두 담아내고 싶었지만 내용이 워낙 긴 터라 중략해서 '안녕, 별아?' 편 엔딩에 뮤직비디오로 넣자고 제안했다. 그래도 무려 4분 41초짜리 엔딩이었다. 음악 감독과 나는 촬영 날까지도 "이거 너무 길어서 아이들이 지루해하지 않을까?" 하는 걱정을 했지만, 수많은 정보가 담긴 대사를 품고, 사람들이 가슴으로 별이를 이해할 수 있도록 돕는 가사와 그림까지 이보다 좋은 자료는 없다는 생각에 밀어붙였다. 반응은 더할 나위 없이 좋았다. 방송 후에 이 노래를 듣고, 눈물을 한 바가지 쏟았다는 시청자 후기가 많이 올라왔다. YES!

별이는 〈딩동댕 유치원〉 다른 캐릭터 친구들보다 1년 3개월 늦게 전학 왔다. 2022년 봄에 하늘, 하리, 마리, 조아, 댕구, 딩동샘을 선보이고 5개월 정도 지났을 때, 나는 생각했다.

'한국의 줄리아를 만들 수 없을까?'

미국 PBS가 제작, 방영하는 어린이 교육 프로그램 〈세서미 스트리트〉에서는 이미 2017년에 자폐 아동 캐릭터 줄리아를 처음 선보였다. 〈세서미 스트리트〉에서 25년간 작업한 작가 크리스틴 페라로는 인터뷰에서 "아이들이 자폐증이 무엇인지 아는 건 중요한 일이고, 이제는 자폐증에 대해 솔직한 논의가 필요한 때"라면서 "줄리아를 통해 자폐 아동이 가지고 있는 특징을 보여주는 한편, 이러한 모습들이 정상적이라는 것을 보여주기로 했다"라고 말했다.

영국 인기 애니메이션 〈토마스와 친구들Thomas & Friends〉에서 자폐 스펙트럼 장애를 가진 캐릭터 브루노가 등장했을 때도, 영국자폐학회에서는 "자폐를 비정상이 아닌 개성과 차이로 인식할 수 있는 계기가 될 것"이라고 밝혔다.

이렇게 앞서 자폐 스펙트럼 장애를 다룬 해외 사례와 공존을 향한 태동을 보면서도, 나는 사실 두려웠다.

'잘할 수 있을까?'

'어설프게 하다가 괜한 논란만 일으키는 것 아닐까?'

'매일 방송하는 프로그램에서 모든 작가와 PD가 이 캐릭터를 제대로 소화해낼 시간적, 정신적 여력이 있을까?'

'캐릭터를 더 늘리면 제작비는 감당할 수 있을까?'

시간과 돈. 방송에서 가장 중요한 이 두 여건이 하늘과 땅 차이인데, 〈세서미 스트리트〉만큼 공부하고, 소화해서 이 까다로운 자폐 아동 캐릭터를 매주, 매일 방송으로 만들어 내보낼 자신이 없었다. 첫 편은 나와 정명 작가 둘이서 이렇게 저렇게 조사하고, 자문을 받아 캐릭터를 소개하는 내용으로 내보낸다 해도, 그 이후에는 캐릭터가 갑자기 사라지게 할 수도 없고, 다른 캐릭터들과 지속적으로 함께 어울리는 모습을 방송해야 할 텐데. 이미 야근에 시달리는 작가들과 PD들이 부담스러워하진 않을까. 그뿐 아니라, 제작비를 더 부담하기에는 버거운 상황이라 여섯 명뿐인 인형 연기자와 한정된 인원 안에서 1인 다역을 소화해야 하는 성우들. 이런 모든 '여건'만 보았을 때는 사실 'NO', 안 하는 것이 합리적인 선택이었다.

그런 고민을 이어가던 중 초등학교 2학년인 아들이 어느 날 집에 와서 말했다.

"엄마, 우리 반에 어떤 친구가 수업 도중에 교실 밖으로 막 뛰어나가서 선생님이 찾으러 다니셨어. 그리고 걔는 자기 마음대로 바닥에 앉아서 그림 그리고, 가끔 애들한테 소리도 막 질러."

그 말을 듣고, 당시 나는 나조차 실천할 수 있을까 싶은 의구심을 품으면서도 아들에게 이런 조언을 했다.

"다른 아이들은 멀리해도, 너는 그 친구를 도와주면 좋겠어."

그랬더니 아들은 내가 그 친구 편을 들면 다른 애들도 나랑 안 놀 것 같다고 답했다.

'아이들은 본능적으로 정치적 판도를 알아차리는구나.' 그러면 내 바람은 너무 순진한, 뜬구름 잡는 생각일까? 다양성을 추구한다는 〈딩동댕 유치원〉의 지금 방향성은 아이들의 세계에서조차 현실적으로 실현 불가능한 것일까? 회의감이 밀려왔다.

그럼에도 내 마음속엔 '그 친구'가 가시처럼 걸려 있었고, 종종 동네 어머니들과 대화에서 그 친구 이야기가 오르내리는 걸 들으면서 더욱 그랬다. 그래서 2022년 가을, 나는 결단을 내리고 정명 작가에게 다시 한번 더 험한 길을 가보자고 제안했다. 무모하리만큼 합리적이지 않은, 합리적 판단이었다.

여건을 핑계로 자폐 아동 캐릭터 만들기를 포기하면, 아들이 품은 '그 친구'에 대한 의문을 해결해주지 않으면, 지금 내가 하고 있는 다양성을 지향한다는 〈딩동댕 유치원〉의 구호가 가식에 불과하지 않냐는 생각이 들었다. "어떤 아이도 차별을 행하거나, 차별을 당하거나, 차별에 익숙해지지 않았으면 좋겠다"라고, "알고, 이해하면, 함께할 수 있다"라고 강연과 인터뷰에서 말한 것들 모두 허울뿐인 가식이 된다고 생각했다.

우리의 지향점이 실현 불가능한 것이 아닐까 하는 의심과 회의감을 오래 곱씹었다. 그러나 내가 내린 결론은 〈딩동댕 유치원〉은 현실적 캐릭터로 아직은 비현실적인 이상을 계속 지향해야 한다는 것이었다. 다양한 존재의 다양한 권리가 지켜지고, 그들이 공감과 위로를 받아야 한다. 그런 이상적인 모습을 끊임없이 보여줘야 한다. 상상할 수 있는 더 이상적인 이야기를, 주문을 외우듯이 더 많이 해야 한다. 현실은 이미 기울어진 운동장이므로. 누군가는 내가 하려는 이야기가 '피카츄'보다, '티니핑'보다 오히려 더 판타지라고 할 수도 있다. 하지만 나는, 우리는 이 판타지를 지향한다. 다만 이 판타지 속 캐릭터들을 핸디캡이 있더라도 불쌍한 희생자로, 시혜적 위로의 대상으로 그리지 않으려 한다. 또 미화하지도 않으려 한다. 사실에 기반하되, 이상적으로 공존하는 모습이 무엇일지 밸런스 게임을 하고 있다.

이렇게 마음먹는 데에도, 유독 오래 걸렸던 별이 기획. 어떤 모습의 아이일지, 성별은 무엇이고, 취향은 어떨지, 머리는 어떻게 자르고, 옷은 어떻게 입을지. 목소리는 어떨지. 몸동작은 어떻게 움직일지, 첫 편에서 어디까지 어떻게 다룰 것인지, 자폐라는 넓은 스펙트럼 속 어디에 좌표를 찍을지……. 자폐에 관한 공부, 해외 영상 자료 조사, 발달 장애인 부모들의 인터뷰 영상을 찾아서 보고, 전문가 자문도 구하면서 별이에 대한 모든 것을 하나하나 정해나갔다. 사실 나보다 정명 작가의 공부량이 월등히 많은데 석사 논문 한 편 거뜬히 쓰고도 남겠다 싶었다. 정명 작가는 별이의 대본을 완성한 날, 전체 대본 회의에서 펑펑 눈물을 쏟았다. 산고와도 같은 고통을 겪으며, 한 아이를 대본 안에 마음으로 낳은 그녀였다.

"안녕, 별아?"

그래서 이 제목은 담백하지만, 나와 정명 작가가 갓 태어난 이 캐릭터에게 마음을 담아서 건네는 첫인사였다. 손인형 연기자와 성우 역시 다른 캐릭터들보다 몇 배 더 많은 연구와 연습을 함께했다. 별이 첫 녹화가 끝나고, 성우가 녹화장에 내려와 앉았는데, 그제야 긴장이 풀렸는지 눈물을 보였다. 나 역시 그 녹화 후에 며칠 몸살을 앓기도 했다. 그렇게 별이를 품고, 키우고, 낳기까지. 1년 가까운 시간이 흘렀다.

'안녕, 별아?' 편 수록곡 〈상자 쓴 아이〉 뮤직비디오

안녕, 별아?

이지현

'안녕, 별아?' 편 대본에서 신Scene° #2는 하늘, 하리, 마리, 조아와 전학 온 별이가 처음 인사하는 장면이다. 친구들이 다가와서 인사를 해도 바람개비 돌아가는 것만 바라보는 별이를 의아하게 여기고 웅성대는 친구들. 그런 별이에게 '조금 더 큰 소리로, 정확하면서도 직관적으로' 딩동샘은 말한다. "별아, 친구들과 인사할까?" 그제야 별이는 "……안녕!" 하고 인사한다. 여전히 시선은 바람개비에 둔 채.

줄거리로만 요약하면 '친구들과 별이가 처음 인사한다'로 매우 단순하지만, 이 행동과 대사 속에는 자폐 아동의 여

° 극을 구성하는 단위로 장면을 의미한다. 번호를 매겨 순서를 표기한다.

러 특징 중에서 별이 캐릭터로 설정한 것들이 녹아 있다. 자동차 바퀴, 바람개비 등 빙빙 돌아가는 것에 몰입해 관심을 전환해주지 않으면 15분 이상 빠져 있기도 한다는 특징. 그럴 때, 목소리를 크고, 정확하고, 직관적으로 알아들을 수 있게 말해주어야 한다는 지침. 그럼에도 별이는 눈 맞춤이 어려울 수 있다는 이해. 이런 자세한 정보와 세심한 연기 지도 방향이 모두 대본에 담겼다.

바람개비와 자동차를 좋아하는 아이. 줄무늬 옷을 자주 입는 아이. 경적 소리 같은 큰 소리에 예민한 아이. 특히 청각이 예민한 별이의 특징을 설명하기 위해 딩동샘은 아이들에게 노래를 불러주기도 한다. 물소리, 바람 소리, 경적 소리 등 세상의 모든 소리가 별이에게는 더 크게 들린다는 것을 설명해주는 딩동샘의 노래에서 음악 감독에게 '매앰~맴! 째액~쩩! 빠앙~빵!' 부분은 실제 소음처럼 크게 강조해서 효과음을 넣어달라고 부탁했다. 이 소음을 들은 별이는 귀를 막으며 괴로워하고, 딩동샘은 별이를 꼭 안고 달래며 노래한다. 이 가사에 맞춰 노랫소리는 점점 작아지고, 장면은 페이드아웃°된다.

방송 후에, 이 노래 마지막 장면에서 딩동샘이 별이를 꼭

° 화면이 점차 어두워지며 장면이 전환되는 영상 기법

안아주는 모습이 우리 아이를 안아주시는 듯해서 뭉클했다는 장애 아동 부모님들의 후기가 많았다. 딩동샘의 노래를 듣고, 다른 아이들도 별이에 대한 공감이 처음 시작된다. 특히 조아가 별이에게 한 발짝 더 다가가면서, 별이와 놀고 친구가 되기 위해서 별이의 생각을 잘 알아야겠다고 말하는 장면은 내가 가장 좋아하는 장면 중 하나다.

그리고 이어지는 일러스트레이션 장면에서는 자동차를 좋아하는 별이의 내면 세계에 어울리도록 수많은 종류의 자동차가 줄지어 이동하고 빙글빙글 돌고 있다. 딩동샘은 그중 한 귀여운 자동차를 별이에 빗대어 별이의 생각 속에는 멋진 탈것으로 가득 차 있어서 다른 여러 가지 일을 생각하기 어려울 때도 있고, 그렇기 때문에 친구들이 별이의 말과 행동을 이해하기 힘들 수도 있다며 친절하고 자세히 설명한다.

딩동샘의 말을 들은 하늘이도 별이와 친구가 되고 싶은데 별이와 함께 놀 수 없는 거냐며 아쉬워하자, 딩동샘은 별이의 생각을 알고 이해하려는 마음이 있다면 이미 우린 친구가 될 준비가 된 거라며 아이들을 격려한다. 이 장면과 대사에는 〈딩동댕 유치원〉의 가장 중요한 모토가 담겨 있다.

이렇게 '별이의 생각을 알고, 이해하고, 친구가 될 준비를 했으면' 하는 바람을 담아, 제작과 방송 준비를 모두 마치고, 2023년 8월 18일 본방송을 앞두고 있었다. 그러다 방송

3일 전, 보도자료 사건이 터졌다.

"〈딩동댕 유치원〉에 다니지 않지만, 딩동댕 마을에 살면서 자연스레 마주치는 사회 구성원으로 등장"이라는 기사 내용이 문제였다. 장애 아동 학부모들의 빗발치는 항의 글이 블로그, 온라인 카페, 홈페이지 시청자 게시판에 올라왔다.

안 그래도 요즘 장애 아동에 대한 이슈가 있는데, 갈수록 학급, 유치원이 통합화해가는 이 시대에 국내 최초로 발달 장애 아동 캐릭터를 만들어 인식을 개선한다는 취지라면서 분리 교육이라니요? '아, 저렇게 저런 아이들은 분리교육을 시켜야 되는구나'를 인식시키는 계기가 되겠네요. 시대를 역행하는 이러한 내용이 심히 유감스럽네요. 장애 아동이 통합교육을 받는 것은 당연한 의무이지 혜택이 아닙니다.

제작자분들…… 전문가분들이 정말 맞나요? 별이의 캐릭터 설정 배경을 보고 놀라움을 금할 길이 없습니다. 유치원에 다니지 못하다니요? 부모가 계속 붙어 있어야만 하다니요? 더구나 우리나라에서 장애 유아는 의무교육 대상입니다. 집에 숨어서 가끔 동네 사람들과 마주치는 그런 존재가 아닙니다.

별이의 장애 유무와 관계없이 별이는 우리 사회의 구성원이고, 교육을 받을 의무가 있기에 동네에서 〈딩동댕 유치원〉

친구들과 인사하는 사이가 아닌, '딩동댕 유치원'을 함께 다니며 모든 친구와 통합교육을 받는 '장애' 이전에 '유아'로 그려져야 합니다.

'〈딩동댕 유치원〉을 다니지 않지만=분리교육을 시킨다'로 해석될 여지가 있는 이 표현 하나가 학부모들의 분노 버튼을 누른 느낌이었다. 그날 바로 게시판에 제작진의 공식 입장문을 올렸다.

    안녕하세요. 〈딩동댕 유치원〉 제작진입니다.

    〈딩동댕 유치원〉의 새로운 캐릭터 '별이'의 등장에 많은 관심과 함께 다양한 조언을 주셔서 감사드립니다. 더불어 본방송 전 여러 매체를 통해 보도된 내용에 관해 아쉬움과 우려의 말씀을 주신 데 대해서도, 〈딩동댕 유치원〉 제작진 모두 마음 깊이 새기고 있습니다.
    우선, 많이 염려하신 "〈딩동댕 유치원〉에 다니지 않지만, 딩동댕 마을에 살면서 자연스레 마주치는 사회 구성원으로 등장"에 관해 말씀드리도록 하겠습니다. 많은 분이 아시다시피 현재 〈딩동댕 유치원〉은, 신체장애가 있는 친구인 하늘이, 다문화 가정과 조손 가정이 배경인 마리, 조아 등 다양한 상황, 그리고 성장 배경을 가진 어린이들의 이야기를 통해 '이해와 존중'

그리고 '더불어 살아간다는 것의 가치'의 씨앗을 심고자 꾸준히 노력해왔습니다.

'별이'의 등장도 위와 같은 노력의 연장선상에서 이루어졌습니다. 별이가 탄생하기까지 전문가 자문은 물론 성우, 인형 연기자, 작가, PD 모두 다른 캐릭터들보다 더 공부와 시간이 필요했고, 작년부터 약 1년여의 시간 동안 준비하는 과정을 거쳤습니다.

그리고 기존의 캐릭터 하늘과 하리, 마리와 조아, 유기견 댕구와 고양이 샤샤가 다니는 곳으로 설정된 〈딩동댕 유치원〉의 세계관 안에서, 새롭게 등장하는 '별이'를 어떻게 가장 자연스럽게 소개하고, 앞으로 〈딩동댕 유치원〉의 구성원으로 스며들게 할 것인지를 고민하게 되었습니다.

이를 고민한 끝에, '별이'가 등장하는 첫 편에서는 상호 간 딩동댕 마을의 구성원이라는 전제 아래 '별이'와 기존 캐릭터들과의 첫 만남을 갖고, 이후 에피소드를 통해서 〈딩동댕 유치원〉에서 함께 놀고 배우고 어우러지는 과정을 보여주는 구성을 전개하고자 했고, 이에 따라 이미 후속편이 준비되어 있습니다. (이 과정 역시 〈딩동댕 유치원〉의 현장 자문 등 여러분의 심사숙고 과정이 있었습니다.)

앞으로 방송될 에피소드에서 '별이'는 〈딩동댕 유치원〉에서 아이들과 함께 더불어 이야기를 듣고, 더불어 배움을 즐기는 구성원으로 등장하게 됩니다.

그럼에도, 보도자료를 통해 '별이'의 배경을 소개하는 과정에서 설명에 부족함이 있어 시청자 여러분에게 심려를 끼치게 되었습니다. 앞으로 〈딩동댕 유치원〉은 더욱 세심하게 여러분의 목소리에 귀를 기울이겠습니다.

〈딩동댕 유치원〉이 지향하는 바는 확고합니다. 그 어떤 어린이도 차별과 배제의 대상이 되어서는 안 되며, 이해와 존중의 가치를 전하기 위해서는 타인의 사정을 알고 이해해야 한다는 것입니다. 위와 같은 가치를 담은 씨앗을 심고, 그 씨앗이 나무가 될 때까지 〈딩동댕 유치원〉 제작진은 언제나처럼 최선의 노력을 다하겠습니다.

다시 한번 시청자 여러분의 애정과 관심 어린 조언에 깊이 감사드립니다.

—〈딩동댕 유치원〉 제작진 드림

입장문을 보고 '어디 한번 진짜인지 두고 보자'라는 댓글들이 달렸다. 그 후, 방송까지 3일 동안 피가 마르는 느낌이었다. "전학 온 아이예요?"라는 대사가 명확하게 있기 때문에, 분리교육을 하는 것이냐는 논란은 잠재워질 것이라 확신했지만, 그 외 또 어느 지점에서 공격의 대상이 될지, 다시 한번 이 주제가 얼마나 우리 사회에서 예민한 이슈인지를 맛보기로 경험한 3일이었다.

방송이 나가고, 다행히 주로 응원의 글들이 SNS, 온라인 카페, 시청자 게시판에 올라왔다.

요전에 기사를 보고 항의 글을 올렸던 교사이자 자폐 아이의 엄마인데, 오늘 별이 편을 보고 한참을 울었네요. 정말 감사합니다. 오해가 풀렸습니다. 많은 사람들이 꼭 봤으면 좋겠습니다. 정말 감사합니다. 여기저기 많이 알릴게요.
―시청자 게시판 글 중에서

느린 아이를 키우고 〈딩동댕 유치원〉을 자주 보는 엄마입니다. 오늘 아침 별이를 보며 내내 눈물 흘렸습니다. 내 아이가 TV 속에 나온 것 같아서 반갑고 아프고 또 즐거웠습니다. 별이를 만나게 해주셔서 감사합니다. 사회 속에서 늘 외톨이처럼 혼자 떠다니는 우리 아이를 많이 분들이 알아봐주시는 계기가 될 것 같아요. 너무 너무 감사합니다.
―시청자 게시판 글 중에서

안녕하세요?
오늘 〈딩동댕 유치원〉에 '별이'가 소개된다고 해서 기다리고 봤습니다.
별이에 관해 아주 쉽고 자세하게 그리고 가슴 아리게 소개해주셔서 감사합니다. 자문을 많이 구하시고 정성을 다해 발달 장애에 대해 설명해주신 티가 팍팍 났어요.

오늘 방송분으로 타인에게 남다른 우리 아이에 대해 설명해줄 수 있을 것 같고요. 아직 어린 둘째에게도 형에 대해 자세히 알려줄 수 있을 것 같아요. 정말 좋은 교본이에요.

마지막으로, 아이를 온 맘으로 이해한다고 생각했는데, 동요를 들으며 내가 진정 아이의 상자를 같이 쓰고 있는가 하는 생각이 들었어요. 같이 신나게 춤출 수 있는 부모가 되어야 하는데 너무 부족한 부모네요. 등원 전에 반성의 눈물 엄청 흘렸습니다.

— 시청자 게시판 글 중에서

장애는 워낙 민감한 이슈인지라 쉽지 않은 결정을 내리고 오랜 기간 많은 준비를 하신 것 같습니다. 단순히 재미있는 아이들 프로그램을 만들어가는 것이 아니라 세상 모든 아이의 이야기를 담고자 하는 제작진의 사명감이 묻어나는 대목이라 깊이 감동했습니다. 혼혈 아동, 지체 장애 아동, 조손 가정 아동이 메인 캐릭터로 등장하고 수어로 노래와 율동을 하는 고정 프로그램이 있는 유아 방송이 〈딩동댕 유치원〉 외에 존재하나요? 존재 자체만으로도 칭찬받아 마땅하다고 생각합니다.

많은 우려와 불편함이 존재한다는 것을 오늘에서야 게시판을 보고 알았습니다.

저는 오늘 방송을 보며 제 아이에게 아이의 특별한 친구에 대해 함께 생각하고 대화를 나눠볼 수 있어 참 좋았습니다. 평소 이해하지 못했던 그 친구의 말과 행동들을 오늘 방송을 통해 아이는 이해해볼 수 있었습니다. 어떻게 설명해야 하지? 난감했던 저도 '아 저렇게 표현하면 되겠구나!' 하고 배웠습니다. 저는 오늘 방송으로 말미암아 우리나라에 있는 특별한 친구들과 함께하는 아이들의 궁금증과 오해가 해소될 수 있는 실마리가 생겼을 것이라고 확신합니다. 아이들 스스로가 더욱더 그 친구를 이해하고 함께할 방법을 찾아나갈 것입니다.

'엄마 ○○이랑 친해지고 싶은데 자꾸 소리를 질러. 왜 그러는 거야?'라는 물음에 뭐라 답하시겠습니까? 말문이 막히지 않으시겠습니까? '장애가 있어서 그래, 원래 그래'라고 하실 건가요? 딩동샘 대사를 듣고서야 '아…… 그 때 저렇게 설명해줄걸……' 아쉬웠습니다.

별이의 등장은 편견의 생성이 아닌 이해의 시작이 될 것이라 확신합니다. 아이와 함께 지난 오랜 시간 보아온 〈딩동댕 유치원〉은 늘 그랬습니다. 앞서 걱정하고 우려하기보다는 응원과 격려를, 함께 계속해서 봐주시고 더 나아갈 수 있는 방향을 제시하는 시청자분들이 계시길 바랍니다.

쉽지 않은 길, 남들이 잘 선택하지 않는 길을 사명감 하나로 걸어가시는 제작진분들을 진심으로 응원합니다.

늘 유익한 프로그램을 만들어 주셔서 감사합니다.

ㅡ 시청자 게시판 글 중에서

많은 글 중에서도 가장 마음에 꽂혀서 몇 번이고, 다시 읽고, 울기도 했던 글이 있다.

저는 자폐성 장애를 가진 초등 고학년 아들과 정상 발달 중인 네 살 아들을 키우고 있는 특별한 듯 평범한 듯 살아가는 보통 엄마입니다.
저희 자폐를 가진 큰아들이 EBS 채널을 너무 사랑합니다. 보지 않아도 틀어놓아야 마음이 편한 것 같아서 사랑인지 강박인지 둘 다인지, 알 수 없지만 채널을 고정해두어야 합니다. 그러다보니 저와 남편도 푹 젖어 들어 거의 모든 프로그램을 애청하고 있습니다.
오늘도 아침 식사 준비를 하며 큰아이가 켜놓은 EBS에서 〈딩동댕 유치원〉이 나오는데 문득 최근에 소식을 접한 새로운 친구 별이가 나오는 장면을 보게 되었습니다. 식사 준비를 하다가 멈추어 서서 보기 시작했는데, 저는 이내 눈시울이 뜨거워지고 네 살 둘째 아이도 같이 보는데, 그 옆에서 담담한 듯 서서 보다가 흐르는 눈물을 참을 수가 없더군요. 겨우 울음을 주워삼키며 "별이가 형아랑 비슷하네 그치?" 겨우 한마디를 나지막히 중얼거리고는 욕실로 가서 수독꼭지를 틀고 펑펑 눈물을 쏟으며 세수하는 척 울었습니다. 둘째 아이는 어떤 마음으로 보는지 끝까지 반짝이는 눈빛으로 시청하더군요. 엄마와 형이 주말에 수업받으러 외출할 때 형에게 "형아, 엄마 손 꼭 잡고 다녀야 해~"라고 말하는 동생은 어쩌면 눈치를 챘을지도 모르겠습니다.

별이의 등장에 대해 기대와 우려가 공존하는 듯합니다. 물론 더 나은 방향으로 가기 위해서는 객관적이며 다양한 의견이 꼭 필요하리라 생각됩니다. 그러나 저는 발달 장애 아이를 키우고 있는 그저 단 한 사람의 주관적인 엄마의 입장에서, 함께 살아가는 세상을 만들고자 하는 이 귀하고 어려운 발걸음을 떼어주시는 제작진분들께 너무 감사한 마음입니다. 첫 술에 배부를 리가 있을까요. 그리고 우려가 되니 시도조차 하지 않는다면 그다음이 있을까요. 장애에 깊이 관여되어 있지 않은, 그저 먼발치에서 '그런 이웃이 있나 보다. 그런 친구가 우리 반에 있나 보다, 우리 아이랑 같은 반인가 보다' 하는 정도의 단계에 있는 이들에게는 이 묵직한 한 걸음이 다가오는 일이, 방송이라는 매체 아니고서는 그 영향력을 크게 발휘하기가 수월치 않을 것입니다.

드라마 〈이상한 변호사 우영우〉가 방영되었을 때도 그런 우려는 공존했지요. 자폐인이 다 천재인 것처럼 미화될 수 있다고……. 그렇다고 해서 아무도 이들의 이야기를 담아내지 않으려 한다면, 이 세상은 그냥 변화가 없는 고인 물이 될 것입니다. 누군가는 오해를 할 수도 있지만 한편으로 자폐인들(발달장애인들)의 특성과 삶을 더 이해하고 그들도 누군가의 소중한 가족 중 한 명이며 우리 이웃임을 더는 이상하고 불편하지 않게 받아들이게 된다면 얼마나 큰 의미일까요. 매스컴에서 드러나는 일련의 사건들로 전체를 비약해서 판단하는 오류가 줄어들지 않을까요. 비장애인 중에서 중대 범죄가 빈번해도 정상 발달인 전체를 매도하지 않듯이, 장애인들을 보는 시선과 판단에도 그런 분별력이 생겨나야 하기에 제작진분들도 그 부분에 대한 무게감과 사명이 있으셨으리라 생각됩니다.

자폐 아이를 키우는 일이, 조금 더 커지면 수월해질까, 담담해질까…… 그날그날을 힘내보지만, 나름 긍정적인 성향이 장점인 저도 마음이 부칠 때가 많습니다. 깊은 절망감과 두려움이 엄습해올 때면 마음을 붙들고 일상을 유지하기가 힘들 정도입니다. 키가 저만큼 커진 아이가 혼잣말을 하고 폴짝거리고 아이처럼 불현듯 울어버리는데도 담담하게 드러내고 함께 세상 속에서 사는 일이 늘 쉽지가 않습니다. 사춘기가 되어 문 닫고 들어가 혼자만의 시간을 갖고 친구들을 만나러 가서 이제 엄마에게 관심이 없어 서운하다는 정상 발달 아이들을 키우는 어머니들의 이야기를 종종 들으면 세상에서 제일 부러운 마음마저 듭니다. 아이와 나의 인생이 동일시되는 일이 버겁기도 합니다. 성격상 타인에게 미안한 일 만드는 것을 싫어하고 미약하나마 어려운 이들을 돕고 옳은 방향으로 살고자 노력하는데, 아들과 함께라면 자꾸 주변 눈치를 보고 죄송하다는 말을 습관처럼 뱉고 있는 저를 보며 자괴감이 많이 듭니다. 이 안에서 어떻게 나와 아이 사이의 균형을 잡고 건강한 마음을 유지할 수 있을지 늘 고민합니다.

정상 발달 중인 둘째 아이에게 아직은 자기를 마냥 예뻐해주니 좋은 형에 대해 커져갈 궁금함과 어려움, 마음의 시련을 지혜롭게 돕고 싶습니다.

그런 마음이 늘 마음속에서 복잡한 엄마인 저에게 오늘 별이의 등장을 통해 깊이 고민하시고 제작해주신 내용들을 보며 큰 위로가 되었습니다.

EBS에서는 장애 관련 프로그램들이 많지요. 〈할 수 있다고〉 〈세상을 비집고〉 등의 프로그램도 너무 기쁜 마음 감사한 마음으로 시청했고 잘 보고 있습니다. EBS를 통해 어른인 저도 아이들도 다양한 국내외 세상을 간접경험하기도 하고, 우리가 가진 당연한 것들이 사실은 당연하지 않은 감사임을 배웁니다. 장애 아이를 키우는 일이 사실은 고되지만 한편으로는 작은 성장에도 감사와 희열을 느끼고 일상을 사는 기적을 깨닫습니다. 아이를 통해 내가 깊어지고 넓어지는 일인 것처럼 세상 모든 것에 하찮은 것이 없고 소중함을 배웁니다.

늘 응원합니다. 무거운 짐을 나누어 함께 지고 손잡고 걸어가주시려는 그 마음과 걸음에 감사드리며 선한 영향력이 진심 그대로 널리 퍼져가기를 기대하고 희망합니다.

─시청자 게시판 글 중에서

이 글을 보며, 별이 촬영을 준비하면서 보았던 한 자폐 아이 어머니의 인터뷰 영상이 떠올라서 유독 더 울컥했던 것 같다.

"내 아이보다 하루만 더 살고 싶어요."

내가 죽는 그날까지 내 아이 곁을 떠날 수 없다는 것은 어떤 마음일까. 혼자 먹고, 혼자 똥을 닦고, 혼자 옷을 입는 일 같은 유아기 독립에서 시작해서 알아서 돈을 벌고, 알아서 여행을 가고, 알아서 친구를 사귀는 성인으로서의 독립. 내 아이의 그 보람찬 과정을 지켜보며 함께 누릴 수 없다는 건 어떤 마음일까? 같은 부모로서 그녀의 마음은 감히 이해할 수도 없는 타인의 고통이었다. 그 고통이 떠올라서 더 마음이 갔던 글이었다.

방송 직후부터, 많은 매체의 인터뷰 요청이 있었고, 자주 웹툰 작가 주호민 씨 사건에 대한 의견을 질문받기도 했다. 나는 그 사건에서 어느 쪽의 시시비비를 가리는 것에 관해서는 할 말이 없고, 다만 제도적 문제가 해결되어야 한다고 답했다. 어떤 인간이 제도의 틀에서 온전히 자유로울 수 있는가. 나 역시 제도 안에선 나약한 인간이다. 제도 안의 인간이 그 틀을 깨고 용기 내어 행동한다는 것은 정말 드문 일이고, 대세가 되기란 정말 어렵다. 그렇기 때문에 제도가 인간의 욕구에 맞게 설계되어야 하고, 또 시의적절하게 유기적으로, 역동적으로 변화해야 한다. 인간이 제도보다 우선되어야 한다. 특히 아동, 장애, 다문화, 성, 교육 등에 대한 제도는 더욱 그렇다.

'일상생활 조직화Tagesstruktur'라는 개념이 있다. 독일의 발달 장애인 관련 제도의 근간이 되는 말이다. 독일은 장애인 개인별 평생 맞춤형 프로그램을 지원하는 선진화된 복지 시스템을 운영한다. 주간보호센터를 운영하고, 이동 수단을 제공하며, 직업교육과 작업장을 운영한다. 노동이 가능한 장애인은 작업장으로, 불가능한 장애인은 교육센터에서 생활할 수 있도록 제도적으로 보장한다.

미국 역시, 장애인에게 개인 코디네이터가 배정된다. 주간학습센터와 직업교육을 운영하고, 3년에 한 번씩 맞춤으로 재설계 해준다. 인상적인 부분은 '보호자들의 돌봄 활동을 노동으로 인정'한다는 점이다. 보호자가 활동보조사 자격증을 취득하면, 임금을 지원하고, 보호자의 휴식 기간도 제공한다. 이러한 것들이 모두 '제도화' 되어 있기 때문에, '국가가 장애인을 제도적으로 보호'하기 때문에, '내가 내 아이보다 하루라도 더 살아야 한다'라는 강박과 압박에서 보호자가 조금이라도 자유로울 수 있는 것이 아닐까? 내가 죽으면 지켜줄 수 없고, 자립할 수 없고, 생활이 불가능한 상황에서 아이를 키운다는 것은 얼마나 끔찍한 비극인가.

특수학교 교장 선생님 자문을 받을 때, 말씀 중에 인상 깊은 부분이 있었다.

"우리나라 장애 아동들의 보호자들이 영유아기와 초등 저학년 시기에 통합교육을 강하게 원하는 이유가 있습니다. 독일 유치원의 경우, 기본은 통합교육입니다. 교육 시스템을 보면 일반 교사가 담임이면서 장애 아동에게 언어 장애가 있으면 언어치료사가 유치원에 와서 협업하고, 재활이 필요한 아이가 있으면 물리치료사가 와서 협업합니다. 이렇게 유치원 안에서 교육과 치료가 동시에 이루어지니 장애 아동은 통합교육 상황에서 비장애 아동들과 어울리면서 사람들과의 관계, 적응력 등 사회에 나갈 준비까지 할 수 있습니다. 반면에 우리나라는 통합교육을 한다고 하지만 초등 고학년이 되면 학교 시스템과 장애 인식 부족 등으로 통합교육 상황에서 장애 학생이 지내기 어려워지고, 결국 대부분 특수학교로 갑니다. 특수학교는 장애 학생에게 개별화한 맞춤형 교육을 잘 제공하고 있지만, 어쩔 수 없이 사회와 분리된 장애 학생들만 다니는 공간이기 때문에 초, 중, 고등학교에 다니는 동안 비장애 학생들과는 분리되어 지냅니다. 그래서 보호자들은 최소한 어렸을 때만이라도 통합교육을 받기를 원합니다. 이렇듯 우리나라 통합교육의 문제점은 물리적으로만 같은 공간에 두고, 그게 통합이라고 생각하는 데 있습니다."

또 내가 인터뷰에서 자주 받았던 질문은, '다양성을 대표하는 캐릭터들을 만든 이유'였다. 사실 잘 생각해보면, 이유는 간단하다.

"실제로 어린이들은 다양하니까요!"

이제껏 많은 프로그램에서 어린이들의 캐릭터가 다양하지 않고, 천편일률적이었다면, 나는 그 이유가 어린이를 대명사로, 하나의 동일한 집단으로 대상화하고, 실제 그 안에 살아 숨 쉬는 개개인을 들여다보지 않아서라고 생각한다. 그들은 개인으로서 취향을 가진 서사가 있다. 그냥 어린이가 아니라, 이런저런 어린이로 세분화할 수 있고, 그걸 들여다보아야 한다. 어떤 인종, 어떤 가정환경, 어떤 호불호를 가지고 있는 어린이. 그 모든 서사 속에서 살고 있는 어린이의 권리를 보호해주고, 존중해주고, 존중해달라고 호소하는 어린이 프로그램을 만들고 싶다고 답했다.

인종, 장애, 성평등을 대표하는 캐릭터를 만든 것은 사실 수많은 다양성 스펙트럼 안에 있는 지극히 일부를 보여준 것일 뿐이다. 정말 미미한 시작일 뿐이다. 진정한 다양성에 대한 지향은 최대한 넓고도, 깊은 '어린이들의 스펙트럼'을 더 많이 보여주는 것이다. 신체장애, 발달 장애, 다문화를 대표하는 캐릭터에서 시작해서, 더 많이 이제껏 조명받지 못한 '어떤 어린이들'을 무대 위로 올릴 수 있길 바란다. '어떤 어린이들'이 생각하는 것, 느끼는 것, 바라는 것들과 그들의 온전한 세계를 방송으로 보여줄 수 있길 바란다. 그런 여건이 나와 우리에게 주어지길 간절히 바란다.

지금도 나 역시 연출자로서 많은 고민을 한다. 내가 다양한 어린이의 현실을 얼마나 대변할 수 있을까? 이 어린이들의 당사자성을 어떻게 더 정확히 보여줄 것인가. 처음부터 불가능한 일은 아니었을까? 그럼에도 어떤 아이가 위로받고 있다면 감사할 따름이다. 그리고 당사자성을 더욱 가깝게 표현할 수 있는 방법을 고심한다. 〈세서미 스트리트〉의 자폐 아동 캐릭터 줄리아의 인형 연기자가 실제 자폐 아동의 학부모인 것처럼, 〈토마스와 친구들〉의 브루노 목소리 연기를 실제 자폐 아동 엘리엇 가르시아가 맡은 것처럼. '당사자성'과 '진실'에 다가갈 방법을 조금 더 치열하게 고민했어야 한다고 반성도 한다. 그리고 새 아이템을 준비할 때마다 기존에 내가 알았던 것도 정말 진실일까, 혹시 나의 안락과 둔감과 편협으로 변질된 건 아닐까 곱씹는다.

우리가 알지 못하고, 이해하지 못해도, 그들은 거기 존재하고 있다. 그러나 알고, 이해하면, 함께할 수 있다. 우선 만나볼 준비가 되었다면 환대할 수도, 연대할 수도 있다. 수많은 어른이 하지 못했던 일들은, 아이들은 기꺼이 해낼 수 있도록 알려주고 싶다.

그럼에도, 별이 편 방송을 하고 한 달쯤 흘렀을 때 만난 지인이 이런 말을 했다.

"너네 아이 반에 자폐아가 애들 앞에서 바지 벗어도 넌 괜찮냐? 그런 애들은 다 모아서 섬에 보내버려야 해."

내 귀를 의심했다. 지금 여기가 구한말인가. 이 사람들이 나와 같이 아이를 키우는 젊은 사람들이 맞나. 이후에도 같은 결의 수많은 댓글이 달리곤 한다. "나는 네가 싫다"라고 말하는 당당한 혐오들을 무수히 만난다. 내가 싫어하는 너도 또 누군갈 싫어한다. 혐오는 끊임없이 변형하면서 끝까지 살아남는 바이러스 같다. 그래서 내가 만난 적도 없고, 나에게 직접 피해를 준 적도 없는 그런 누군가조차도 고립되어 마땅하고, 거부당해 마땅한 혐오의 대상이 된다. 그들에게 섬으로 보내야 하는 누군가도 그런 당당한 혐오의 한 형태일 뿐이다.

그런 고상한 척하는 혐오의 민낯을 보면서, 낯뜨거워진 나는 무수한 내 안의 편견과 싸워야겠다고 다시 한번 결심한다. 그 편견들을 극복해야 앞으로 나아갈 수 있다. 싸워야 하는 건 밖에 있지 않다는 걸 새삼 느낀다. 나는 지금 누굴 혐오하고 있는가. 내 안의 편견으로 누굴 극혐하고, 손절하고 있는가. 그리고 동시에 소름이 끼친다. 이 바이러스가 아이들에게도 옮아갈 수 있다는 것이. 아이들이 혐오의 대상이 되거나, 아이들도 누군가를 혐오하고 따돌림과 폭력을 자행할 수 있다는 것이 섬뜩하다.

다시, 그럼에도, 올해 초등 4학년이 된 아들이 어느 날 집에 와서 말했다.

"엄마, 내가 이번에 SOS라는 역할을 맡았어."

"응? 그게 뭐 하는 건데?"

"친구들이 SOS 부르면 도와주는 역할이야. 우리 반에 발달 장애 친구가 한 명 있는데, 별이 같은 아이인 것 같아. SOS 역할 하면, 걔를 제일 많이 도와줘야 해. 그래서 선생님이 SOS 역할 맡을 사람 손 들으라고 해서 내가 제일 먼저 손 들었어. 매일 걔가 쉬는 시간에 1층 자율반 갈 때, 데려다줘. 그리고 준비물 정리해야 될 때도 내가 도와줘. 자율반 선생님이 그러시는데, 걔는 사람들이 박수를 치면 깜짝 놀라고 싫어한대. 이제 선생님한테 걔가 뭘 싫어하고, 좋아하는지 물어볼 거야."

그리고 한 달 뒤, 아들은 '그 친구'에게서 수업 중 활동으로 만든 상장을 받아왔다.

'도움 예절왕' 상장

이름 : 김○○
위 학생은 평소 도와주기 예절왕으로 임명합니다.
2024년 5월 13일
친구 : 박○○

엄마가 〈딩동댕 유치원〉 제작 3년이면, 아들이 풍월을 읊는다. 나는 아들에게 말했다.

"엄마는 진심으로 네가 반 회장 된 것보다 SOS 역할 한다고, 제일 먼저 손 든 게 더 훌륭하다고 생각해."

나도 내 아들처럼 망설임 없이 누군가의 SOS에 가장 먼저 손 들어줄 수 있을까? 나는 그런 어른인가. 우리가 만드는 프로그램은 누군가의 SOS 신호에 달려가고 있는가.

별이와 딩동댕 마을 친구들의 첫 만남(ⓒEBS 제공)

국내 최초 자폐 아동 캐릭터 별이

스페셜 에피소드 '안녕, 별아?'(ⓒEBS 제공)

내 몸은
내 거야!

이지현

"혹시 너 성추행당했던 적 있니?"

내 나이 17세, 고1이었다. 학교 친한 친구들에게 이 질문을 던지고, 인터뷰하듯이 메모했던 기억이 난다. 신기했던 점은 내가 인터뷰했던 17세 친구들 열 명 중 일고여덟 명은 성추행당한 경험이 있었다. 정도의 차이, 빈도의 차이는 있었지만 예상보다 훨씬 많은 친구가 비슷한 경험을 고백했다. 당시 나는 왜 이런 '미쳤냐?'라는 소리를 들을 만한 질문을 하고 다녔을까?

나 역시 아주 어렸을 때, 다행은 아니지만 다행히도 '폭행'이 아닌 '추행'으로 끝난 성적 경험이 있다. 아주 어렸을 때의 기억이라는 것은 나이를 먹어갈수록 잊히는 것이 있고, 더 선명해지는 것도 있다. 성추행의 경험은 후자다. 당시엔

그게 무슨 상황인지 인지할 수 있는 지식도 없고, 경험도 없어서 그냥 지나치지만, 시간이 지나 지식과 경험이 쌓이면서 당시의 상황이 명백히 '성추행'이었다는 것을 알게 된다. 하지만 아주 오래전 일을 이제 와서 누구에게 어떻게 말해야 할지, 말해서 또 무엇이 그렇게 달라지는 것인지 고민하다 그냥 묻자, 해서 묻고 지내다 보면 또 불쑥 기억이 떠오르고 수치심을 느끼게 된다. 그런 감정을 느끼던 17세의 나는 문득 나 말고 다른 친구들도 이런 기억을 품고 묻고 살지 않을까, 해결되지 않더라도 말하고 누군가와 나누고 위로 받고 싶지 않을까 하는 생각을 했다. 그래서 미친 질문을 던졌다.

예상보다 많은, 수치스러운 기억의 고백을 들으면서 나는 다음 단계의 의문을 가지게 되었다. 왜 우리는 '그 당시'에 '그 상황'을 인지할 수 없었을까, 그리고 시간이 지나 조금이라도 상황을 인지했을 때는 왜 바로 대처할 방법을 찾지 못했을까? 그때부터 이 의문을 내 안의 깊은 저장 공간에 담아두었다. 해결하지 못한 채, 오랫동안. 그렇게 22년이 지나 〈딩동댕 유치원〉을 연출하면서, 아이들을 위해 필요한 이야기를 고민하면서, 또 내 어린 딸을 보면서 담아두었던 의문이 다시 강하게 떠올랐다.

나는 진심으로, 당시 나에게 제대로 된 성교육을 해주지 않았던 교육 시스템에 화가 나고, 이렇게 많은 우리가 이렇게 큰 수치심을 느꼈다는 사실에 화가 나고, 알고 난 후에도 그냥 묻고 살고 있는 것에 화가 나고, 지금도 이런 일들을 막지도 못하고, 말하지도 못하는 것에 화가 난다.

왜 나는 몰랐을까? 왜 그들은 몰랐을까? 왜 우리는 아무것도 몰랐을까? 왜 나는, 그들은, 우리는 우리의 '권리'를 몰랐을까? 몰랐다는 것은, 알지 못했다는 것은, 결국 아무도 알려주지 않았기 때문이다. 특히 어린아이들에게 교육 시스템 안에서 '제대로 알려준' 적이 있는가. 적어도 확실히 나는 그 교육을 받지 못했다. 그래서 나는 유아 성교육을 해야만 한다고 생각했다. 내 경험, 그리고 17세 그녀들의 경험에서 시작된 동기였다.

40년 만에 금기를 깨다… '성교육' 등장시킨 '딩동댕 유치원'

〈경향신문〉에 실린 '유아 성교육 특집' 2부작에 대한 기사 헤드카피다. 성교육은 아직도 한국에서 '금기'시되고 있다는 걸 실제 방송을 기획하면서 다시 한번 확인했다. 6개월간 26편 방송이 나에게 주어진 한 코너의 방송 분량이라, 처음에는 유아 성교육 코너도 26편을 준비할 생각이었다. 그러나 첫 번째로 워낙 '금기'의 영역이다 보니 회사 내부에서 방송 후폭풍에 대한 우려가 있었다. 두 번째는 기획 단계에서 자문 교수 역시 내가 원하는 내용까지 담았을 때는 분명히 사회적 반발이 클 것이라고 조언했다.

    금기를 깨고 최근 '성교육 특집 2부작'을 기획한 이지현 PD를 지난 19일 경기도 일산 EBS 사옥에서 만났다. 이 PD는 "(유아 성교육 기획이) 처음이었지만 혁신은 아니었다"며 아쉬움을 섞어 자평했다. 자문 협조를 받은 이들도 걱정을 먼저 했다. 이 PD는 "'어디까지 다루실 거냐?'는 말이 돌아왔다. 전문 성교육 기관들도 강의를 하면 보수단체에서 항의가 들어온다고 하더라"며 "회사 내에서도 혹시나 문제가 생길까 우려하는 시선이 있다 보니 결과적으로 나도 좀 꼬리를 내려서 기획하게 된 것이 아쉽다"고 말했다.

    — 〈경향신문〉(2024년 2월 26일, 고희진 기자) 기사 중에서

    그렇게 결국 26편 정규방송이 아닌 2편 특집방송으로 '꼬리를 내렸'고, 내용도 내 근성대로 투철하게 보여주지 못한 아쉬움이 많이 남았다. 하지만 유아들에게 아주 기본적, 필수적으로 알아야 하는 내용은 담았고, 그걸로 이제 유아 성교육은 금기의 영역에서 첫걸음마를 떼고 반 발짝 앞으로 나갔다고 믿고 싶다. 꼭 다시 기회를 만들고, 방법을 찾아서 26편으로 보여주고 싶은 내용을 충분히 담고 싶다. 〈딩동댕 유치원〉에서 어렵다면 언젠가 다른 프로그램을 그릇으로

해서라도 과거의 내가 알았어야 마땅한 내용들을 담아낼 것이다.

유아 성교육 특집 1부 '내 몸은 내 거야!' 편은 신체 자기결정권, 나와 타인의 경계 존중, 성폭력과 안전에 관한 내용으로 구성했다. 내 몸의 소중함을 인지하고, 타인이 내 몸의 경계를 침범하려고 할 때 어떻게 해야 하는지를 다뤘다. 나만이 아닌, 타인의 경계를 '존중'하고, 항상 그 경계를 넘어갈 때는 '동의'를 구해야 한다는 내용도 담았다. 다만 '경계'나 '동의'라는 개념이 어렵기 때문에 투명한 유리로 된 방을 경계로 빗대어 설명했다.

조아가 혼자 조용히 책을 읽고 싶어서 유리방에 들어가 문을 닫는 일러스트를 보여주면서 이 유리방이 바로 조아의 경계라는 것을 설명했다. 이렇게 경계는 나를 안전하고 편안하게 지켜주는 방 같은 것인데 그 경계를 넘어서 친구의 방에 들어가고 싶을 때는 '똑똑똑' 노크를 해서 허락을 받아야 하고, 그것이 바로 '동의'를 구하는 방법이라고 알려주었다. 덧붙여 딩동샘은 만약 어떤 이유로든 친구가 허락하지 않는다면 방에 들어갈 수 없는데, 그건 내 마음만큼 친구의 마음도 중요하기 때문이라고 설명했다.

그리고 아이들에게 가장 중요한 '성폭력'에 대해서는 누군가가 자기 몸을 허락 없이 만졌다면 믿을 만한 어른에게 얘기해야 하고, 믿을 만한 어른은 누구인지도 정의해주었다.

혹시라도 성폭력을 당하게 되어서 '나쁜 비밀'이 생기면 꼭 '나를 아껴주고 보살펴주고 사랑해주는 믿을 수 있는 어른'에게 이야기해야 한다고 교육했다.

2부 '참 예쁘다, 내 몸!' 편은 성별에 따른 고정관념, 올바른 신체 이미지에 대한 내용으로 여자아이는, 남자아이는 '이래야 한다'라는 편견에서 벗어나 자기 몸을 긍정하는 것을 말했다. 아이들의 미디어 노출 시기가 빨라지면서 생각보다 이른 나이에 바디 이미지를 형성한다. 이 특집 기획을 할 당시, 여섯 살이던 둘째 아이가 "엄마, 나 아이돌 되려면 날씬해야 하니까 다이어트할 거야!"라고 말하는 걸 듣고 놀랍고 당황스러웠던 기억이 있다. 그래서 더욱 제대로 된 바디 이미지 교육이 필요하다고 확신했다. '참 예쁘다, 내 몸!'이라는 이 에피소드의 제목도 그런 의지가 반영되었다.

하리는 태권도를 잘하는 자기 팔과 다리가, 조아는 책 읽기를 좋아하는 자신의 머리가 마음에 든다고 말한다. 그리고 모두 다 함께 "참 예쁘다, 내 몸!"을 외친다. 언젠가 이 대사가 세상 모든 아이에게 자신의 몸을 사랑하고, 긍정하는 주문이 되길 바란다. 이 에피소드의 마지막 노래에서는 아이들이 '날씬하고 예쁘고 키도 크고 강한 어른의 이미지'를 보면서 자신도 저런 어른이 돼야 하는지를 고민하지만, 결국은 자신이 할 수 있는 것들을 보고, 그런 자신과 우리가 참 예쁘다고 긍정한다.

　유아 성교육 특집을 준비하면서, 성교육은 '권리 교육'이라는 점이 내 안에서도 더 명확해졌다. 이제까지 우리나라 성교육은 생물학적 차원에서 접근해왔다면, 자신과 타인의 성적 자기결정권에 대한 '존중과 동의' 그리고 '성평등' 개념까지도 포함하는 권리 교육으로 확장, 전환해야 한다고 생각한다. 스웨덴, 핀란드, 미국 등 많은 성교육 선진국에서는 실정에 맞게 제도화해, 미취학 아동부터 성인이 될 때까지 체계적인 성교육을 제공하고 있다. 그 교육과정에는 신체적뿐만 아니라 정서적 성교육도 포함된다. 경계, 자존감, 신체 이미지, 그루밍 성범죄, 피임, 포르노 등에 관한 모든 지식 교육은 적절한 시기에 이루어져야 한다. 그래야만 유아, 청소년기 자아 형성과 언제 어디에서 일어날지 모르는 '성'과 관련한 수많은 상황에 대한 최소한의 대응이 가능하다고 믿는다. 성뿐만 아니라 모든 지식은 적절한 시기에 제대로 교육받아야만 우리가 실제로 필요할 때 제대로 결정하고 주체적인 행동을 할 수 있다. 교육받지 못하고, 무지한 채로 결정하고, 행동하는 것이 반복되고 있다.

　"부모는 자녀가 성교육 전문가로부터 신뢰할 수 있는 정보를 얻기를 원하는지, 인터넷 검색을 통해 알기를 원하는지 결정해야 한다."

— 〈조선일보〉(2020년 11월 10일, 남정미 기자) 기사,
"덴마크의 50년 전 성교육 그림책, 한국에선 선을 넘은 책인가",
인티 차베즈 페레즈° 인터뷰 중에서

지금 '금기'에 갇혀 정체된 한국식 성교육이 과연 적합한 것인가 점검해봐야 할 때다. 한국이 'N번방'이라는 전 세계를 뒤흔든 아동 성범죄 사건이 일어나는 나라가 된 이유는 무엇인가 치열하게 고민하고 반성해야 한다. 또 극단의 혐오와 분열이 끊이지 않는 이유는 무엇인가. 큰 사회적 이슈까지 가지 않더라도, 나에게는 그저 내 어린 딸과 아들이 자신의 권리를 지키고, 타인의 권리를 지켜줄 수 있는 인간이 되길 바랄 뿐이다. 그 길이 그들이 신체와 정신의 '안전'을 보장받을 수 있는 기본이라고 믿는다.

° 스웨덴 성교육 전문가, 《일단, 성교육을 합니다》 저자

유아 성교육 특집 1부 '내 몸은 내 거야'(ⒸEBS 제공)

유아 성교육 특집 2부 '참 예쁘다 내 몸'(ⓒEBS 제공)

〈딩동댕 유치원〉은
아직 멀었어요

김정재

    아이가 있는 가정이라면 귀여운 분홍 돼지 가족이 나오는 〈페파 피그Peppa Pig〉를 본 적이 있을 것이다. 〈페파 피그〉는 2004년에 시작해 무려 20개에 달하는 시즌을 이어오며 방영된 영국의 지상파 민영방송국 채널 5의 유명 애니메이션이다. EBS에서도 방영하고 넷플릭스 등 OTT°에서도 서비스하고 있기에 우리나라 어린이 가운데도 〈페파 피그〉를 알고 좋아하는 친구들이 많다.
    〈페파 피그〉는 아빠, 엄마, 페파 그리고 남동생 조지로 이루어진 돼지 가족∞의 일상을 그린 내용이라 자녀를 키우

○   인터넷을 통해 방송 프로그램, 영화, 교육 등 각종 미디어 콘텐츠를 제공하는 서비스
∞   2025년 5월, 페파와 조지의 여동생 이비Evie가 태어났다.

는 부모들도 아이들과 함께 많이 보는 애니메이션이다. 나는 유아·어린이 PD로서 어린이 인기 애니메이션은 빠짐없이 챙겨보는 편인데, 〈페파 피그〉는 영국 일상의 문화를 살펴볼 수 있고 양, 토끼 등 귀여운 동물 친구들이 서로 배려하고 조화를 중요하게 생각하는 내용을 그려서 재미있게 시청한 작품이다.

2022년 〈페파 피그〉 에피소드 가운데 페파의 학교에서 가족을 그림으로 그려 소개하는 장면이 있었다. 어린이 북극곰 친구는 가족 구성원을 엄마 두 명과 자신이라고 소개하고 엄마들이 하는 일을 아주 짧게 이야기한다. 엄마들이 부부인 가정이니까 동성 커플 가정을 소개한 것이다. 짧은 분량이었지만 어린이 프로그램에서 동성 부부를 언급한 내용이라서 전 세계적으로도 큰 이슈가 되었다.

아마도 〈페파 피그〉가 180개국에 진출한 워낙 유명하고 영향력이 큰 프로그램이다 보니 그만큼 뜨거운 관심을 불러 일으켰을 것이다. 뉴스의 내용은 대개 "페파 피그에서 동성 커플 엄마들이 나왔다"였다. 우리나라에서도 외신기사를 받아써서 몇 개 매체에서 기사가 나오기도 했다. 매체의 성향에 따라 다양성 교육의 중요성에 관한 내용을 보탠 기사도 있었다. 물론 어떤 가치이든 언제나 그에 대한 다양한 의견이 뒤따르기에……. 그 에피소드 방영 이후 〈페파 피그〉는 일부 학부모 사이에서 '동성애 찬성 또는 조장 애니메이션'

이라는 딱지가 붙기도 했다. 제작진의 의도는 다양한 가족의 형태가 존재한다는 메시지를 전하고 싶었던 것일 텐데 안타까웠다.

그 후로 1년이 지난 2023년 12월 어느 날 〈딩동댕 유치원〉 홈페이지 시청자 게시판에 〈딩동댕 유치원〉 제작진은 당장 사과방송을 하라"라는 글이 올라왔다. '아이들이 보는 프로그램에서 동성애를 조장하는 내용을 보여주었다'라는 내용의 글이었다. 다소 강한 어조에 깜짝 놀란 제작진은 자초지종을 알아봤더니 〈페파 피그〉가 문제였다. 2023년 하반기에 〈딩동댕 유치원〉에서는 부분 코너로 애니메이션을 삽입했는데, 그중 하나가 〈페파 피그〉였다.

라이브 액션이 주를 이루는 〈딩동댕 유치원〉에서 애니메이션을 삽입한 데는 사실 제작비 부족 문제가 크게 작용했다. 방송통신위원회의 방송통신발전기금을 받아 제작되는 특성상 매년 이런저런 이유로 그 파이가 줄어들어 〈딩동댕 유치원〉도 당장 제작비 부족을 경험하게 되었다. 방송 전체 러닝타임 20분 중 일부를 구매한 애니메이션으로 채우자는 의견이 나왔고 PD들은 고심 끝에 아이들이 가장 좋아하는 애니메이션을 편성했다. 가장 인기 있는 애니메이션은 단연 〈페파 피그〉였다.

하지만 일부 시각에서는 〈페파 피그〉가 대단히 문제 있는 작품이었고 그런 애니메이션을 "그대로 방영한 〈딩동댕 유치원〉 제작진은 당장 내용을 정정하고 사과하라"라는 의견이 시청자 게시판에 올라왔다.

회사에서 책임을 많이 지는 위치에 있는 분들은 많이 당황스러웠을 것이다. EBS에서 7년 넘게 일하면서 회사가 시청자의 의견 하나하나를 굉장히 중요하게 생각하고 시청자와 공감대를 찾기 위해 노력한다는 부분을 느꼈다. 어린이 프로그램에 대한 반응으로는 유례없는 강력한 반발이었기에 제작진은 이 문제에 어떻게 대응할지 신중하고 세심하게 논의했다. 그리고 시청자 게시판에 적절한 댓글을 달았다.

〈페파 피그〉는 2004년부터 20년간 전 세계 180개국에서 방송되며 널리 사랑받고 있는 스테디셀러입니다. 〈딩동댕 유치원〉에 대한 관심과 의견에 감사드리며, 더 좋은 방송을 만들기 위해 노력하겠습니다.

하지만 개인적으로는 실소가 나왔다. 〈딩동댕 유치원〉은 아직 한참 멀었다고 생각했다. 다양성 교육 면에서 〈딩동댕 유치원〉은 사회적으로 충분히 통용되는 수준의 다양성만을 이야기하고 있었다. 제작진 자체에서 지배적인 분위기이기도 했고 회사 차원에서 암묵적인 룰이 작용하고 있다고 느껴지기도 했다. 〈페파 피그〉의 동성 부부 에피소드가 방영된 것은 그야말로 실수였지 의도된 부분이 전혀 없었다. 〈딩

딩동댕 유치원〉은 과분한 오해를 받고 있었다. 부끄러웠다.

프로그램을 제작하는 내내 '통용되는 수준의 다양성이 과연 진정한 다양성인가?' '누군가가 불편해한다고 해서 해야만 하는 이야기를 하지 않는 것이 맞는가?'라는 생각을 계속해왔다. 나에게는 큰 부채감이었고 지금도 여전히 그렇다. 우리보다 다양성을 폭넓게 인정하는 미국이나 영국 같은 곳에서도 차별은 존재했고 그것을 타파하기 위해 노력한 수많은 사람이 있었다. 누군가는 반대를 무릅쓰고 미디어에서 다양한 캐릭터를 보여주었을 것이다.

여태 〈딩동댕 유치원〉에서 더욱 다양한 배경, 지향, 지위의 사람을 보여주지 못한 데에는 PD의 책임이 크다. '못 하게 해서'라고 핑계를 대고 있지만 정말 좋은 아이디어와 기획으로 준비했다면 설득하고 장벽을 넘어설 수 있었을 것이다. 〈페파 피그〉 이슈는 해결해야 할 문제가 아니라 본받아 따라가야 할 좋은 예시다. 아쉬운 마음을 뒤로하고 앞으로 제작할 프로그램에서는 더욱 다양한 사람들이 서로를 이해하고 배려하며 조화를 이루는 모습을 보여주고 싶다. 단 한 명의 아이라도 자신의 다름을 이해받는다고 생각하고 그 안에서 안정감을 느낄 수 있다면 그보다 보람될 수 없을 것이다. 또 진정한 다양성을 경험한 아이들이 더욱 많은 사람에게 공감할 수 있다면 정말 기쁠 것이다.

글을 쓰기 위해 미국 커뮤니티 사이트 레딧Reddit에 동성 커플에 대해 검색해보았다. '어린이 프로그램에 동성 커플이 나오는 것이 적절한가?'라는 주제로 토론이 있었다. 좋은 평가를 받은 의견은 '건강한 관계의 캐릭터라면 상관없다'였다. 천천히 가더라도 한 발자국씩 나아가다 보면 우리가 가야만 하는 방향으로 나아가고 있을 것이다. 그 여정에 함께한 아이들이 만들어갈 사회는 지금보다 좀 더 다양한 색으로 채워지지 않을까 기대해본다.

2045년에도 기억나는 친구를 만들어줄게

김정재

'뿡뿡이', '뚝딱이', '펭수'……. 수식어를 붙이지 않아도 눈앞에 바로 그려지는 유명 캐릭터 친구들이다. EBS는 친근하면서도 한국적인 캐릭터를 개발하기 위해 많이 노력해왔는데 그 결실이 한국의 도깨비 뚝딱이와 이름만 들어도 아이들이 까르르~ 웃음을 터뜨리는 방귀대장 뿡뿡이 등이다. 펭수는 원래 어린이 프로그램 캐릭터로 기획했는데 어른들이 더 열광하는 캐릭터가 되었다. 캐릭터는 프로그램의 정체성을 나타내고, 나아가 채널의 정체성이 되기도 하는 중요한 존재이다. 하지만 무엇보다도 캐릭터들은 어릴 적 소중한 추억 속 친구가 되어준다는 점에서 중요하다. 앞서 말한 뿡뿡이, 뚝딱이 등은 1990년대 중반 2000년대에 등장한 캐릭터로 1990년 이후 출생자들에게는 어린 시절 추억과 향수를 불러일으킬 것이다.

내가 어렸을 때를 떠올려보면 일본 산리오에서 나온 '폼폼푸린'과 '시나모롤'이라는 캐릭터를 상당히 좋아했다. 생김새가 귀여워서 좋아했는데 최근 다시 산리오 캐릭터가 인기를 끌고 있다. 어린이들이 시나모롤 캐릭터를 좋아하는 것을 보면서 내 어릴 적이 생각났다. 고모가 일본에서 사다 주신 캐릭터 카드 한 장도 아까워서 고이 모셔두곤 했다. 각종 지우개, 손수건, 볼펜 등 굿즈를 모으기도 했었는데. 캐릭터를 통해서 요즘 아이들과 이어지는 느낌도 들었고 캐릭터는 보기만 해도 그때 그 어린 시절로 돌아가게 되는 힘이 있다고 느꼈다.

그래서 2022년에 새로운 〈딩동댕 유치원〉을 기획할 때 캐릭터 기획에 공을 들였다. 프로그램을 보는 어린이들이 진짜 친구처럼 여기고 세월이 지나도 추억할 수 있는 친구들을 만들어주고 싶었다. 그렇게 탄생한 캐릭터가 하늘, 하리, 마리, 조아, 댕구였다!

댕구는 처음엔 레서판다나 미어캣처럼 조금 생소한 동물 캐릭터로 설정할까 고민했다. 각인되려면 새롭고 낯설어야 한다는 생각 때문이었는데 고민을 거듭할수록 가장 친근한 동물인 개로 설정해야 한다로 결론 지었다. 나의 반려견 진저와 산책할 때마다 느낀 점은 아이들은 정말 편견 없이 순수하게 강아지를 좋아한다는 것이다. 보자마자 관심을 주고 눈이 풀어지고 인사를 하기도 하면서 다가온다. 인간의 본능인가 싶기도 하지만 어른보다 아이들의 반응이 더 즉각적이라서 강하게 와 닿았다. 그래서 결국 가장 친밀하고 인기 많은 '강아지'가 댕구 캐릭터가 되었다.

캐릭터의 이름은 작가진과 PD들이 함께 명명했다. 아이들이 인지하기 쉽고 한글로 된 이름으로 하기 위해 노력했다. 개인적으로는 셜록 홈스를 좋아해서 댕구 이름을 셜록 홈스의 반려견인 '토비'로 하고 싶었는데 특별한 연관이 없어서 탈락했다. 댕구라는 이름은 아이들이 쉽게 부르기 좋았고 입에도 잘 붙어서 잘 지은 이름이라고 생각한다. 이름에서 성격이 기인한다고 했던가, 댕구는 여기저기 좌충우돌하며 문제를 일으키기도 하고 해결도 하면서 가장 활약하는 주인공이 되었다. 한번은 회사에서 〈딩동댕 유치원〉 관련 시청자 의견과 반응을 조사했는데 아이들이 가장 좋아하는 캐릭터로 댕구가 뽑혔다. 정말이지 뿌듯한 순간이었다.

캐릭터의 생김새는 회사 내부의 디자이너와 인형 제작자가 함께 만든다. 이름과 성격 등의 기본 정보를 전달하면 디자이너가 손으로 그려서 2D 캐릭터를 만들고 인형 제작자는 2D를 실제 3D로 구현한다. 이 부분에서 인형 제작자의 노하우가 많이 반영된다. 목의 길이, 어깨의 위치, 팔 길이 등 신경 써서 제작해야 할 부분이 정말 많다. 머리 스타일, 눈동자 색 그리고 의상까지 하나하나 캐릭터에 맞게 세세히 설정해서 제작하다 보면 마치 내가 아이돌 그룹을 스타일링하고 있나 하는 착각이 들기도 했다.

댕구 같은 탈인형의 경우 동물 캐릭터이다 보니 털의 길이나 색이 중요했다. 하지만 우리나라 사정상 재료 선택의 폭이 넓지 않아서 완전히 자유롭게 제작할 여건은 아니었다. 시간이나 제작비가 많은 팀에서는 일본 등 해외에 가서 인형 재료를 구해온다는 이야기도 들었던 터라 아쉬웠다. 그래도 조달할 수 있는 재료 가운데 댕구의 따듯한 느낌을 줄 수 있는 베이지와 브라운 컬러를 섞어서 댕구를 만들었다. 탈인형은 탈 안에 들어가 있는 인물과 탈의 합이 정말 중요하다. 탈인형을 연기하는 배우가 움직이거나 숨 쉬기 편해야 하고 특히나 애정을 가지고 있어야 그 탈이 정말 살아서 움직인다. 탈인형 배우를 먼저 선정하고 배우 신체 사이즈에 맞춰 길이 등을 정했다.

사실 탈의 다리가 얼마나 보이느냐, 탈의 두께가 얼마나 되느냐 배가 어디까지 내려오냐 등에 따라 귀여움의 차이가 컸다. 머리와 몸의 비율이 1:1에 가까워질수록 귀여워지는데 그럴수록 배우는 불편했다. 게다가 댕구는 역할상 스튜디오 외부에 나가서도 연기를 해야 하고, 춤도 춰야 하고, 요리도

해야 했다. 댕구는 사실상 사람의 거의 모든 동작을 할 수 있어야 하기 때문에 고민을 많이 했다. 여기에 해답을 준 게 댕구 역할을 맡은 배우 김필수 님이었다.

필수 님은 EBS 유아·어린이 프로그램에 다수 출연했고 〈딩동댕 유치원〉의 다른 탈인형 캐릭터 떼구리도 연기했던 베테랑 연기자였다. 그는 어린이 프로그램 제작에 대한 열정으로 많은 불편함을 감수했다. 댕구의 귀여운 외모는 전적으로 필수 배우님의 희생 덕분이다. 그가 없었다면 댕구의 외모도 성격도 달랐을 테니 지금 아이들이 가장 사랑하는 친구인 댕구도 없었을 것이다. 정말이지 감사한 배우다.

댕구는 배우가 직접 목소리 연기를 했지만 다른 캐릭터들은 오디션을 보고 이미지에 맞는 성우를 섭외했다. 여자 어린이 캐릭터인 하리와 마리가 극을 이끌어갈 때는 성격묘사에 특히 신경을 썼다. 이제까지 여자아이 캐릭터는 다른 친구를 질투하거나 떼를 쓰거나 약간은 어리석고 서툰 모습으로 그려지는 경우가 많았다. 그래서인지 초고를 받아 보면 하리, 마리 역할이 그야말로 민폐 캐릭터인 경우가 많았다. 자연스럽게 굳어진 고정관념이었다. 굉장히 의식적으로 접근하지 않으면 〈딩동댕 유치원〉에서도 그대로 진행될 판이었다. 우리 아이들이 특정 성별이나 자신과 다른 정체성을 가진 친구에 대해 선입견을 가지지 않았으면 했다. 원고 회의에서 조아에서 마리로 하리에서 하늘이로 주인공이 뒤바뀌는 경우가 자주 생길 수밖에 없었다.

성우와 배우에게도 고정관념을 버리고 연기해달라고 요청했다. 특히 태권도 소녀 하리 같은 경우는 씩씩한 느낌을 많이 내고 싶었다. 그래서 남성 인형 연기를 많이 했던 변화준 배우가 하리 손인형 연기를 맡아 절도 있는 발차기 연기 등을 보여주었다.

이렇게 배우, 디자이너, 제작자, 성우 등 많은 사람이 달라붙어 우리의 〈딩동댕 유치원〉 캐릭터를 만들었다. 아이들에게 어떤 의미로 다가갔는지 어떤 추억이 되었는지는 아직 다 알 수가 없다. 먼 훗날 아이들이 자라서 다시 자기 아이를 키울 때 아니면 지나가다가 비슷한 캐릭터를 마주했을 때 기억해주었으면 한다. "맞아, 〈딩동댕 유치원〉에 하늘이가 있었지, 댕구가 있었지, 참 좋아했었는데"라고.

'댕구맘' 김정재 PD와 댕구의 메이크업 리터치 시간

댕구의 모델이 된 김정재 PD의 반려견 진저

〈딩동댕 유치원〉의 인기 캐릭터 댕구

동물에게도, 식물에게도, 로봇에게도 권리가 있다!

이지현

'왜 우리는 인간의 이야기만 하고 있을까?'

2022년 가을, 사회적 감수성 아이템들을 한창 다룰 무렵이었다. 장애, 다문화, 이혼과 조손 가정에 관해 다루면서 문득 그렇게 생각했다. 당시에는 인간-비인간 관계의 권리 양도, 확장이나 나눔이라는 거대 담론으로만 여겨지고 생각이 선명하지는 않았다. 다만 아이들이 '반발 앞서 미래에 대해 과감하게 상상할 수 있는 지성과 감수성'을 가졌으면 좋겠다는 생각은 분명했다. 옆도 보고, 멀리도 보면 인간만이 아니라, 동물과 로봇 그리고 급박하게 카운트다운하고 있는 환경까지, 해야 할 이야기들이 너무나 많았다. 그래서 반년 동안 26편의 아이템 중에 동물권, 로봇의 권리와 환경 감수성 관련해서 최소 한 편씩 방송하자고 마음먹었다.

〈딩동댕 유치원〉에 오기 전까지 유기견의 아픈 과거를 가진 댕구의 서사를 담은 '댕구는 물건이 아니야!' 편. 사실 이 편을 기획하면서 처음으로 '동물권'이라는 단어를 검색해 보았다.

'비인간 동물 역시 인간과 같이 인권에 비견되는 생명권을 지니며, 고통을 피하고, 학대당하지 않을 권리 등을 지니고 있다.'

'권리를 지니고 있다'라는 말이 툭 마음에 다가왔다. 이 세계에 함께 살아가고 있는 '비인간 존재들'의 '온전한 권리'. 단순히 동물과 환경을 '보호'하는 것과는 다르다고 개념 정의에서도 명시되어 있다. 그것이 '권리'이며, 비인간 존재들이 지니고, 누려야 하는 것이라는 말이 새로우면서도 부끄러웠다. 나 역시 댕구의 이야기를 본격적으로 다루기 전까지는 권리의 문제로 접근할 의도가 아니었고, 어쩌면 동물 보호 정도로만 생각했기 때문이다.

'댕구는 물건이 아니야!' 편에서 댕구의 '주인'('반려인'이라고 할 수 없는 행동을 하기 때문에 '주인'이라고 표현하겠다)은 댕구를 가게에서 '구매'해서 잘 꾸미고 사진을 찍어 자기 SNS에 올리고 팔로워를 늘리는 것에만 신경을 쓴다. 그러다 점점 댕구가 자라서 몸집이 커지자 씻기지도 않고 먹을 것도 제대로 주지 않으면서 방치한다. 결국 주인은 '귀찮아진 개'

를 아무도 없는 공터에 '쓸모없는 물건' 처분하듯 버린다. 그렇게 길거리 유기견이 되어버린 댕구는 쓰레기통을 뒤지고 사람들에게 쫓겨 다니면서 독백한다. 춥고 배고픈 것보다 가장 아픈 건 마음이라고. 그리고 마지막에 도착한 딩동댕 마을에서 댕구는 진정한 의미의 '반려인'을 만나 '반려견'이 된다.

'댕구는 물건이 아니야!'라는 소제목은 '동물권'에 대해 아이들이 알았으면 하는 아주 기본 중의 기본을 담은 메시지다. 동물을 물건처럼 사고, 함부로 막 대하는 행동이 잘못되었다는 것을 알려주고 동물은 버릴 수 있는 '물건'이 아니라는 것, '동물'은 '인간'과 마찬가지로 고통과 학대를 당하지 않아야 하는 '생명'이라는 것을 가르쳐주었다.

동물권보다 생각의 전환이 더 어려웠던 것이 로봇의 권리였다. 정명 작가는 시리나 챗GPT와 같은 인공지능에게 대화를 통해 데이터를 제공할 때, 인간의 언어 폭력성이 미치는 영향과 위험성에 관한 내용의 기사를 찾아 보여주었다. 그 기사를 기획의 시발점으로 삼아 아이들이 로봇을 대할 때, 어느 정도 수준의 윤리적 선을 지키도록 교육할 것인지를 고민했다. 그래서 권리 교육보다는 윤리 교육에 가까운 접근이었다. 실제로 '우리 로봇이 달라졌어요!'라는 제목으로 나갔던 방송도 아이들이 쉽게 이해할 수 있는 수준으로 구성하기 위해 윤리 교육 수준에서 만들어졌다. 로봇은 인간이 사용하는 언어와 행동을 습득하며 발전하기 때문에, 우리의 언어 행동 수준이 곧 그들의 수준이 될 수 있다는 것을 보여주고자 했다.

'윤리' 수준에서 더 나아가 로봇에게 권리를 부여한다는 것은 무엇일까? 이 논의는 학계에서도 로봇에게 권리를 부여할 필요가 있다, 없다 의견이 분분해서 아이들에게 지금부터 고민을 강요할 필요는 없다. 다만 권리는 수많은 질문을 던질 거리가 있는 흥미로운 영역이라는 생각이 들었다.

모든 로봇은 권리를 가질 수 있는가. 어떤 기준으로 로봇에게 권리 유무를 부여할 것인가. 사람과 닮은 모양새와 고도의 지능을 가진 로봇이면 권리를 가질 수 있는가. 그리고 이 질문들과 더불어 매우 복잡한 도덕적 판단을 내릴 수 있는 정도의 로봇이라는 건 얼마나 고도화된 것인지, 그 정도의 고기능 로봇과 공존해야 하는 세상이 온다면, 과연 인간은 어떤 위치에서 그 낯선 존재와 어떻게 관계를 맺어야 할지, 미래에는 로봇과의 공존을 위해 어떤 원칙을 세울 수 있을지, 우리 아이들은 분명히 이런 고민들을 해나가야만 한다.

환경 문제는 유아·어린이 프로그램에서 자주 다뤄왔고, 지금도 많이 다루는 아이템이다. 그러나 나는 환경 문제를 푸는 전형적인 접근 방식이 싫다. '싫다'라는 말을 쓰는 것은 조심스러운 일이지만 여기서는 감히 싫다는 표현을 쓰고 싶다. 모두는 아니겠지만, 꽤 많은 방송 프로그램에서 환경 문제를 마치 아이들이 해결해야만 하는 문제로 주지하고, 아이들에게 일상적인 실천 방안들을 주입적으로 교육한다. '분리수거를 하자', '일회용품 줄이자'와 같이 이런 지침을 주는 교육이 불필요한 것은 아니지만, 근본적으로 지금, 이 상황에 아이들은 책임이 없다는 것을 확실히 하고 싶다. 마치 당장의 몇 가지 지침을 지키지 않아서 환경이 파괴된 것처럼 아이들이 받아들이게 해서는 안 된다.

'멸종을 선택하지 말라!' 편에서는 이미 멸종한 공룡 '돌리'가 타임슬립으로 유치원에 오게 된다. 그리고 〈EBS 뉴스〉에 '산증룡'으로 출연해서 공룡처럼 멸종하는 상황을 선택하지 말라고, 지금이라도 지구와 인간 모두 함께 생존할 수 있는 방법을 찾으라고, 그게 미래의 우리 어린이들을 구하는 길이라고 당부한다. 그리고 아이들은 피켓을 들고 '지구를 지키고 어린이를 지키라'는 구호를 외치면서, 어른들에게 책임을 묻고, 책임을 지라는 목소리를 낸다.

가상의 극이긴 했지만 환경 문제를 '인간' 모두가 방치하면 미래의 아이들은 정말 공룡처럼 '멸종'할지도 모른다. 환경적 권리 보호는 아이들의 생존을 지키는 일이다. 그러므로 더욱 아이들은 이 문제에서 수동적으로 따르는 것이 아닌 능동적으로 주장하고, 투쟁할 '권리'가 있다. '책임을 물을 수 있는 주체자가 되는 권리 교육'과 미래에는 자신도 '책임을 질 줄 아는 어른이 되는 의무 교육'은 같이 가야 한다.

마지막에 위기에 처한 다른 소행성을 구하러 떠나면서도 한 번 더 들려오는 '멸종을 선택하지 말라'는 돌리의 간절한 외침은 우리가 인간으로서 누려왔던 안락한 권리를 조금은 많이 내려놓고 포기하라는 비명이다. 나는 이 외침이 내 아이를 구하기 위한 비명이라는 것을 분명히 알기에 우리 아이들은 더욱더 투쟁가가 되어야 한다는 것도 안다. 내 권리만 지키는 투쟁이 아닌 많은 인간과 비인간을 지키는 투쟁. 공존을 위한 희생과 연대. 그것을 어떻게 실현할 수 있는지를 알려주는 교육을 계속하고 싶다.

2022년에 '비인간 존재들의 권리' 방송을 하고, 2025년에 이 글을 쓰면서 나는 다시 확신한다. 이제 명백히 우리 아이들이 살아내야 할 시대에는 인권 human rights만 생각해서는 안 된다는 것. 그 너머, 모든 존재의 권리로 확장해야 한다는 것. 아이들이 모든 존재의 권리를 '자연스럽게 배우고, 알고, 당연하게 살아내는' 미래를 꿈꾼다.

사회적 감수성 기획 에피소드 '댕구는 물건이 아니야'(ⓒEBS 제공)

시를
잃어버린 시대

이지현

2024년 7월이었다. 다음 달 방송할 '전지적 어린이 시점' 특집 3부작을 편집하면서, 가을부터 방송할 새로운 코너를 기획하고 있었다. 사실 그때의 나는 '번아웃' 상태였다. 2년 반 동안 계속해서 인력 구성이 바뀌는 작가, 조연출 등 스태프들과의 조율, 주 5회 방송을 총괄하면서 동시에 내 담당 코너도 매번 새롭게 기획하고 연출했다. 번아웃이 오는 건 당연했다. 너무 쉬고 싶고, 모든 걸 놓고 싶은 무기력한 정신 상태였지만, 7~9월은 가장 바쁜 개편 시기라 업무용 뇌와 입은 기계적으로 바빠 움직이는 그런 시간이었다. 다음 개편에는 같이 못 할 것 같다고 그만둔다는 스태프들을 붙잡으면서 속으로는 '나도 그래'라며 앓았다. 그 와중에 당장 '새로운 코너'를 기획하고, 바로 촬영에 들어가야 하는 한마디로 똥줄

타는 2024년 여름이었다.

그래서 정명 작가에게 (징징대며) "이번 기획 좀 알아서 해줘요!" 하고 거의 떠넘겼다. 친해서 할 수 있었던 '짓'이었다고 고백한다. 그렇게 빚을 떠안은 작가님이 그간 쟁여두었다가 꺼낸 비장의 아이템이 바로 '동시' 기획이었다. 아무리 내가 번아웃이 왔다고 해도 기획이 별로였으면 타협하지 않았을 텐데, "동시 어떠세요?"라고 하셨을 때, '이거다!' 하며 정말 좋다는 '삘feel'이 왔다.

나는 어린 시절 백일장에서 상도 받고 고등학교 때는 문학 동아리도 직접 만들어 활동하며 언젠가 시인이나 소설가가 되고 싶다고 꿈꾸던 나름 문학 소녀였다. 이육사, 이상, 윤동주, 랭보……. 모두 내가 사랑하는 시인들이었다. 더군다나 아이를 키우면서 지금이 '시를 잃어버린 시대'가 된 게 너무 슬펐다. 내 아이와 어린이들에게 시를 읽을 때 느껴지는 뭉클함과 벅참을 선물해주고 싶었다. 점점 '넓게' 뿌려진 영상 정보에만 길들여지는 아이들에게 '깊게' 들어가는 문학적 사유의 기쁨을 알려주고 싶었다. 그렇게 나태주 시인의 따님으로 대중에게도 잘 알려진 서울대학교 나민애 교수님이 자문 겸 출연을 해주시기로 했고, 전문 애니메이션 감독까지 합류하면서 동시 코너 제작은 일사천리로 진행되어 9월에 첫 방송이 나갔다.

윤동주, 김소월, 강소천 등 고전 시인부터 현대 시인까지 나민애 교수님이 총 23편의 시를 뽑아주셨다. 동시 코너에서 소개한 첫 시는 윤동주의 〈무얼 먹고 사나〉였다. 대본 작업 전에 이 시를 여섯 살 딸에게 들려주었는데 '무얼 먹고 사나'라는 질문이 반복되는 이 시를 듣고 아이가 즐거워하면서 "눈사람 나라 사람은 아이스크림 먹고 살고, 태양 나라 사람은 뜨거운 국물 먹고 살아!"라고 마치 '답시'처럼 스스로 자기만의 답을 내놓았다. 아이들의 자유로운 사고가 마음껏 뻗어나갈 수 있는 동기와 자극을 주는 게 이 코너의 기획 의도에도 맞아서 '첫 시'로 좋겠다고 생각했다. 코너 후반부에는 시청자 아이들에게 '자신만의 시'를 써보라고 하는데, 실제로 많은 아이가 윤동주 시인의 '무얼 먹고 사나'라는 질문에 답하는 영상을 보내줘서 무척 기쁘고 뿌듯했다.

코너명은 '와우! 떠오른다, 시!'로 정했다. 이 방송을 보면서 아이들 입에서 실제로 이 말이 툭 튀어나오기를 바랐다. 시를 듣고, 영감이 떠올라 자신만의 시를 지으면서 '나도 시인이 될 수 있네!' 하는 순간이 아이들에게 찾아오면 좋겠다. 이 코너에 출연하는 '동동'이라는 아역 배우에게 대본 작업 전에 소개할 시를 주고, 그 시를 자신만의 언어로 써보게 했다. 그리고 실제로 그 아이가 쓴 시를 참고해 대본 작업을 했다. 아역 배우의 어머님은 아이가 시를 배우고 쓰면서 문해력과 창의력이 느는 걸 직접적으로 느낀다고 말씀하셨다.

동시 코너에서 맨 처음 나오는 시 낭독 애니메이션 영상 제작에 가장 많은 공을 들였다. 애니메이션 감독님과 협업하면서 시의 정서를 잘 담아낼 수 있도록 그림체와 영상의 분위기에 관해 세심히 논의했다. 한국 시 느낌을 잘 살리려고 장욱진 화백의 화풍을 모티프로 삼았다. 그래서 전체적으로 여백이 많은 느낌인데 여백은 시각 자극을 줄이고 청각에 더 집중할 수 있게 도우면서 상상력을 자극한다. 청각적 집중력을 극대화하기 위해 음악 감독님께 영상에 음악을 넣지 말고 오로지 효과음만 넣어달라고 요청드렸다.

적절한 레퍼런스를 찾는 게 가장 어려웠다. 일본 NHK에서는 일찍이 2012년에 아이들에게 고전 시를 알려주는 프로그램이 방송됐는데 국내에서는 참고가 될 만한 자료가 거의 없었다. 사실 유아를 대상으로 한 시 교육 영상이 상업적 성과를 내기 어려울 거란 예상은 했었다. 유아 대상이기 때문에 시라는 문자 기반의 콘텐츠를 시각화하는 것이 중요하고, 또 그 영상이 지루하지 않아야 하는데 이 두 가지 조건을 동시에 충족시키기란 방송 제작자 입장에서 가장 어려운 과제다. 게다가 시는 추상적이고 상징적인 특성상 시각화하기 어렵고, 지루하다고 느끼기 딱 좋은 소재가 아닌가. 아마도 그런 이유로 이제까지 유아 콘텐츠로 기피한 소재가 아니었나 싶다.

역시 '남들이 안 하는 건 다 이유가 있는 거지!' 하지만 자폐 아동 캐릭터를 소개한 '안녕, 별아?' 편 제작 때도 그랬듯이 나는 이런 난제들이야 말로 아이들을 위해 EBS가 공영방송으로서 앞장서 해결해야 한다고 생각한다. 상업성에서 자유롭고 공익을 추구하는 방송사만이 겁 없이 도전해볼 수 있는 영역이 아닐까. 나는 그 일원으로서 아이들에게 꼭 필요한 콘텐츠를 재미있고 충실하게 만들어 계속 보여주고 싶다.

동시 코너를 기획할 즈음 요한 하리의 《도둑맞은 집중력》이라는 책을 읽으면서, 동시 코너가 이 시대에 도둑맞은 것을 아이들에게 되돌려주는 데 도움이 되리라 더욱 확신할 수 있었다. 집중하고 몰입해서 시를 읽지 못하는 아이들의 산만함은 그들의 잘못이 아니다. 디지털 환경이 쉼 없이, 빠르고, 짧게 아이들에게 몰아치고 있다. 부모 역시 그것이 주는 일시적 안락함을 포기하기 어렵다.

그럼에도 아이들이 일주일에 한 번, 〈딩동댕 유치원〉에서 천천히 시를 듣고, 길고 깊게 그 의미를 음미하면서 고요하고, 느리며, 오래 남는 무언가를 경험해보면 좋겠다. 나아가 자신만의 시를 지어 읊고 노래할 수 있다면 더 바랄 것이 없다. 비록 이 코너 역시 책이 아닌 영상이지만 아이들의 사유 능력을 회복시키는 '시집 같은 영상'으로 남으면 좋겠다.

   이 코너를 기획하고 연출하면서 내가 가장 많이 한 생각은 '다시, 기본으로 돌아가겠다'였다. 지난 2년 반 동안 〈딩동댕 유치원〉이라는 프로그램 안에서 넓고 깊고 무거운, 게다가 너무나 많은 메시지를 쉬지 않고 뿌려온 것은 아닐까? 이런 되새김질을 자주 하게 되면서 〈딩동댕 유치원〉에서 새로운 코너를 만들어본다면 '기본'에 가까운 것을 하고 싶다고 생각했다. '다시'라는 글자 뒤에 쉼표를 찍은 것은 미친 듯이 꽂혀서 내달리던 메시지 폭격을 나 스스로 '잠시 멈춤'하고, 다른 방향의 길을 찾고 싶다는 표현이었다. 추구하던 과거의 길을 버리는 것은 아니지만, 다양성을 품은 세계관은 이제 당연한 것으로 전제하고, 그 위에 새롭고 담백한 길을 깔아보고 싶었다.

   '시'는 그 담백한 '기본'에 퍽 잘 어울리는 재료였다. 윤동주, 김소월 같은 시인들의 시를 아이들에게 느린 호흡으로 읽어주고, 여백이 살아있는 한국적 그림을 감상하고, 응축된 에너지를 가진 시 언어의 아름다움과 의미의 풍성함을 곱씹어주고, 자신의 생각을 무한히 상상해서 펼쳐놓게 하고, 마지막에 '자신의 시'를 완성하는 차곡차곡한 단계. 특정한 아이가 아니라 모든 아이에게 필요한 영양분이 담긴 음식을 정성스레 준비해서 먹여주는 느낌이 드는 것이 이 코너였다. 아이들을 위한 '기본', 그러나 이 시대가 잃어버린 '기본'. 그리고 나 자신을 '다시, 기본'으로 돌아가게 해준 시간이었다.

'시의 집'에서 시샘 나민애 교수와 달라 몬스터

시의 영감이 솟아나는 '시의 정원'

딩동샘, 동동이와 함께 시인이 되는 시간,
'와우! 떠오른다, 시!'

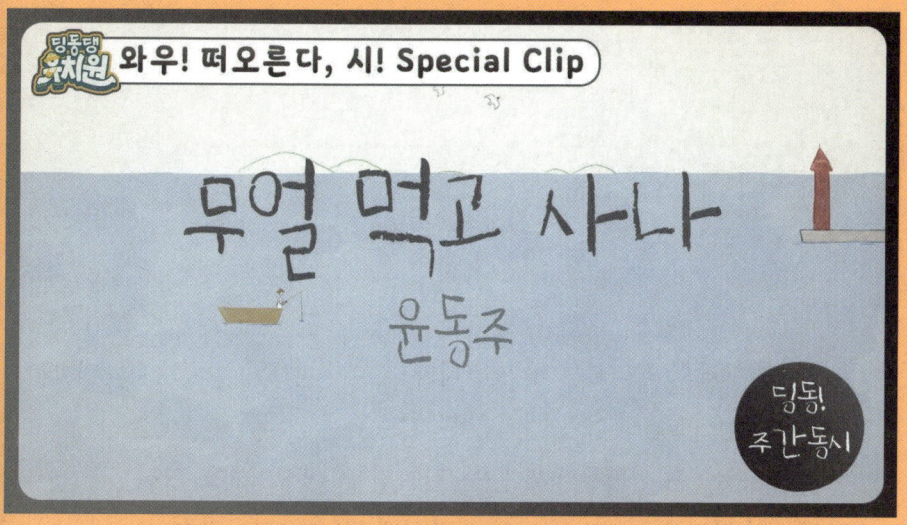

'와우! 떠오른다, 시!' 윤동주의 시 〈무얼 먹고 사나〉 영상(ⓒEBS 제공)

어린이를 위한
나라는 없다

이지현

한 매체와 인터뷰를 할 때였다.
"그럼, PD님의 다음 기획은 뭔가요?"
거의 모든 인터뷰에서 듣는 질문인데, 이상하게도 그날 잠시의 정적을 느끼면서 멈춰 생각하게 되었다. 그리고 한 문장이 떠올랐다.
"'어린이를 위한 나라는 없다.' 이 문장에서 시작하는 기획이요."
'어린이를 위한 나라는 없다'라는 문장은 사실 오랫동안 어린이 프로그램을 하고, 어린이를 키우면서 늘 해오던 생각이었다. 우리 사회에 아직 어린이를 배려하지 않거나, 배제하는 수많은 면면을 보고 겪으면서 '도대체 왜?'라는, 어떤 분노에 가까운 감정이 쌓여가고 있었다. 그런 과정은 아직도 현재 진행형이다.

450곳, 73%, 0.72

노키즈존을 공유하는 예스노키즈*yesnokids.net*라는 민간 홈페이지 조사 자료 기준, 전국에 노키즈존 매장은 450곳 이상이 있다. 2023년 한국리서치에서 진행한 전국 18세 이상 남녀 1,000명 대상 조사 결과 73%가 노키즈존에 찬성했다. 2023년 대한민국의 합계출생률°은 0.72로 역대 최저치를 기록했다.

미국 CNN은 2023년 방송에서 출생률이 가장 낮은 국가에서 노키즈존의 타당성에 관한 의구심을 제기했다. 그럼에도, 업주의 자유가 어린이에 대한 차별을 현저하게 이기는 나라. 진상 부모의 탓으로 규정하고, 다른 손님에 대한 배려의 논리로 어쩔 수 없는 노키즈존 운영을 정당화하는 나라, 대한민국이다.

662곳, 16.6%, 6.9%, 4명

5년 동안, 전국 662곳의 소아과가 폐원했다. 2023년 전반기 소아과 전공의 충원률 16.6% (199명 모집에 33명), 비수도

○ 가임 여성(15~49세) 한 명이 평생 동안 낳을 것으로 예상되는 평균 출생아 수를 나타낸 지표. 2024년에는 0.75로 9년 만에 소폭 반등했다.

권 충원률 6.9%. 비수도권 모든 병원을 통틀어 소아청소년과 1년차 전공의는 총 4명을 기록했다. 심지어 2023년 6월에는 '소아청소년과 탈출(No kids zone·노키즈존)을 위한 제1회 학술대회'가 열려, 800명 가까운 소아과 의사들이 참석했다. 아이들의 목숨이 걸린 의료 문제에서조차 '노키즈존'을 찾는다.

> "소아과는 폐과 상황에 이제 돌입했고, 궁극적으로 아이들을 상대하지 않는 '노키즈존'에 해당하는 일을 하겠다는 게 목표고요. 왜냐하면, 현재 상태에서는 아이들을 보면 볼수록 병원을 유지할 수가 없습니다."
>
> ─ 〈KBS 뉴스〉(2023년 4월 2일), "'소아과 간판 내린다' 의사에게 묻다", 임현택(대한소아청소년과의사회) 회장 인터뷰 중에서

이 나라의 현실이 만든 이 숫자들 앞에서 대한민국이 과연 어린이를 위한 나라라고 할 수 있을까. 특히, 소아과 문제는 아이를 키우다 보니 나도 늘 체감하는 문제다. 실제로 병원에 가면 기본 20명에서 많을 때는 60명씩도 대기하면서 이렇게라도 진료받는 걸 감사해야 한다는 것. 종종 아이들이 응급실을 돌다가 결국 길에서 사망한 뉴스를 볼 때마다 '참담'했다. 그래서 2023년에 먼저 감정교육 코너에서 '불안하다'라는 감정을 알려주면서 소아과에 대한 이야기를 에피소드로 담았다.

조아가 아파서 할아버지와 병원에 갔지만 대기줄이 너무 길어서 결국 진료를 받지 못하고, 할아버지와 조아가 함께 불안을 느낄 수밖에 없는 상황을 보여주었다. 판타지이겠지만 '딩동댕 소아과'의 의사선생님에게 진료를 받고, 아주 작은 희망을 느끼는 것으로 마무리했다. 이 에피소드를 방송한 이후에도 상황은 악화했지, 사실 여전히 그 어떤 문제도 해결되지 않았기 때문에 언젠가는 아이들과 관련한 많은 우리 사회 문제를 제기하고 더 포괄적으로 깊이 있게 다뤄보고 싶었다.

'우리나라가 과연 어린이를 위한 나라인가?'
'우리는 어린이 그 자체에 편견을 가지고, 차별하고, 배제하고 있지 않는가?'
'공존을 교육하면서, 지금 우리 아이들은 사회에서 그 대우를 충분히 받고 있는가?'

2024년 여름에 방송한 '전지적 어린이 시점' 3부작 특집은 이런 문제의식에서 시작했다. 사실 3년간 〈딩동댕 유치원〉을 연출하면서, 내 안에 쌓여왔던 회의감, 의구심, 분노를 해소하고 싶어서 기획한 특집이기도 했다. 대부분이 '어른의 신체'에 맞춰져 불편하고 부족한 어린이 인프라, 노키즈존 문제 등 '어린이의 현재'와 관련된 사회 이슈와 이상 기후, 바이러스, 인공지능의 발달과 보편화 등 '어린이의 미래'에 대두될 사회 이슈 모두를 어른의 시점이 아닌, '전지적 어린이 시점'에서 바라보기로 했다.

1부 '우리가 까치발을 드는 이유' 편은 아이들이 까치발을 들어야 겨우 높이를 맞출 수 있는 높은 세면대와 아파트 도어락, 식당 의자 등 어린이들에게 친절하지 않은 '어른의 높이'를 보여주었다. 대부분이 어른의 신체와 편의에 맞춰진 공공 및 생활 시설과 턱없이 부족한 어린이 전용 시설의 실태를 보여주고 일상생활에서 자주 까치발을 들어야만 하는 어려움을 '어린이의 시점'에서 다루었다.

2부 '거꾸로 유치원' 편은 실제 유치원에서 촬영하면서, 노키즈존이나 일상 언어 사용에서 어린이라고 차별과 무시당한 경험을 들어보는 시간을 가졌다. 당시 나 역시 상상이나 추측이 아닌, '지금 우리 아이들이 하는 생각'을 생생하게 들어보고 싶은 욕심이 있었다.

3부 '우리들 마음에 빛이 있다면' 편에서는 저출생으로 미래에 〈딩동댕 유치원〉이 폐원하고, 로봇이 우리의 인력을 대체하며, 바이러스 전파로 일상생활에서 사람들의 교류가 힘들어진 디스토피아를 보여주었다. 그러나 결국은 디스토피아에서 사람들의 무력감으로 탄생한 '안 할래 괴물'을 아이들의 반짝이는 마음의 힘으로 물리치는 유토피아적 엔딩을 담았다.

미국 캘리포니아대학교 법학대학원의 조앤 윌리엄스 명

예교수가 "대한민국 완전히 망했네요!"라고 인터뷰하는 이 현실을 마주한 우리는 끊임없이 "그럼 출생률을 높여야지! 어떻게 아이를 더 낳게 할 수 있지?"를 논의한다. 그러나 이 디스토피아가 계속될지도 모르는 대한민국에서 '태어날' 아이들 말고, 이미 지금 '태어난' 아이들을 위해서는 무엇을 더 할 수 있을지 고민할 수는 없을까. 이 나라에서 태어나 살고 있는 아이들과 그 아이들의 양육자들이 충분히 안정감과 행복을 느낀다면, 그 행복감은 분명히 전이될 것이다. "아이를 낳아볼 만하고, 아이들이 대우받고, 보호받고, 행복하게 자랄 수 있는 나라"라고 내 이웃에게 말할 것이다.

'어린이를 위한 나라가 있다.' 그리고 그 나라가 대한민국이었으면 좋겠다. 이 나라에서 태어나 자라고 있는 우리 어린이들과 눈높이를 맞추고, 환대하길 바란다. 정서적으로, 제도적으로 그리고 '전지적 어린이 시점'으로.

전지적 어린이 시점 특집 '우리가 까치발을 드는 이유'(ⓒEBS 제공)

전지적 어린이 시점 특집 '거꾸로 유치원'(ⓒEBS 제공)

〈딩동댕 유치원〉에 온 어린이 여러분

김정재

지금까지 4년여 동안 어린이 프로그램을 해오면서 어린이 출연자 오디션도 여러 번 봤다. 오디션을 보러 온 아이들 대부분은 긴장한 모습이 역력하다. 자기 이름 세 글자 겨우 말하는 아이도 있었고, 준비한 장기가 생각나지 않아서 결국 못 보여주고 밖에 나가서 우는 아이도 있었다. 잘 해내야 한다는 압박감과 부모님의 기대, 소속사의 응원 등 여러 요소가 합쳐져 다양한 모습을 보여준다. 긴장한 아이들의 모습을 보다 보면 건너편 자리에 앉은 PD까지 손에 땀을 쥐는 상황도 종종 있다. 아이들에게 그 오디션 자체가 소중한 경험이 되기를 바라면서 나도 최선을 다해서 심사한다.

아이들이 준비해오는 매력 뽐내기는 여러 가지가 있는데 춤은 주로 당시 유행하는 아이돌 댄스를 추고 SNS에서 챌린

지로 유행하는 춤도 가끔 볼 수 있다. 춤은 아이들의 몸짓이 귀여워서 나도 웃으면서 편안한 마음으로 심사를 보게 되는데 연기부터는 분위기가 좀 달라진다. 제일 중요한 요소라서 그렇기도 하지만 자연스러운 연기를 하는 어린이가 거의 없다 보니 눈을 부릅뜨고 들여다봐야 한다.

아이들은 보통 연기학원에서나 부모님과 함께 준비한 일인극을 많이 보여준다. 사실 그 일인극의 내용은 전혀 평범하지 않은데 오디션을 보는 아역들 사이에서는 평범한 주제라는 아이러니가 있다. '좀도둑이 된 나', '삼촌의 짝사랑을 응원하는 조카' '갑자기 사투리를 쓰는 나' 등등 그 출처를 알기 어려운 극이 많다. 주로 버럭 화를 내거나 어른을 훈계(?)하는 내용이 많은데 현실에서 아이들이 겪지 않았을 상황이 많다 보니 자연스러운 연기를 보기가 어렵다.

억지로 짜낸 상황 속에서 아이들은 외워서 연기를 한다. 애쓰는 아이들의 모습이 안쓰럽기도 하고 PD 입장에서는 우리 사회에서 어린이가 주인공이 되고 어린이를 중심에 둔 문화, 콘텐츠가 너무 없었다는 생각도 한다. 그래도! 그 가운데 비교적 자연스러운 연기를 보여주는 친구들이 있고, 그런 아이들이 제작진 눈에는 쏙쏙 들어오게 마련이다.

사실 베테랑 제작진들은 우스갯소리로 자연스러운 연기보다는 약간은 틀에 박힌 연기를 하는 아이를 뽑아야 제작이 순조롭다는 말들을 한다. 오디션에서 모범생 같은 아이가 촬영장에서도 모범생처럼 잘한다는 뜻일 터. 나도 매번 연기 모범생을 뽑아야지 다짐하면서도 정작 결정을 내릴 땐 가장 자연스럽고 친근한 아이를 발탁하게 되는 경우가 많다. 내가 친근하게 느끼는 아이를 프로그램을 시청하는 아이들도 더 친근하게 느낄 것 같다는 생각 때문이다.

그렇게 만난 아이들은 정말 사랑스럽다. 그리고 정말 수다스럽다. 오랜 시간 함께 연습하고 촬영하게 되는데 이제까지 본 수많은 아역 친구 가운데 말수가 적은 아이를 나는 본 적이 없다. 엄청나게 자기표현을 하고 싶어 하고 자신이 뭘 생각했는지 무엇을 했는지 말하고 싶어 한다. 질문도 어마어마하게 많다. 아이를 키워본 적이 없어서 몰랐는데 말수가 적은 아이가 있다면 신기하다고 여길 정도로 아이들은 말을 많이 한다는 공통점이 있었다.

나는 아이들과 이야기하고 함께 장난치는 시간이 재미있어서 평소 아이들과 친하게 지내는 편인데 같이 엘리베이터를 타고 이동하는 모습을 본 동료가 "유치원 선생님인 줄 알았다"라고 말해줘서 기분이 아주 좋았던 기억이 있다.

그런데 참 어려운 지점은 아이들과 마냥 친하게 지낼 수는 없다는 점이다. 어떤 PD는 아이들에게 무섭고 엄하게 하는 연출 방법이 더 효율적이라고 생각하기도 하는데, 아이들과 친해지면 아무래도 카리스마가 무너져서 아이들이 좀 덜 무서워(?)하는 경향이 있다. 당장 빨리 연습하고 촬영해야 하는데 자꾸만 와서 말을 걸고 아프다고 떼를 쓰고 어리광을 부리기도 한다. 그래도 웬만하면 칭찬해주고 달래가며 촬영을 하는데 아이들도 특별히 컨디션이 안 좋은 날이 있다. 그런 날엔 유난히 더 촬영이 힘들어지는데 다른 사람에게 피해를 줄 때는 정색하고 단호히 말해야 한다.

한번은 촬영을 처음 하는 아이와 산림 공원으로 야외촬영을 나갔다. 남자아이였는데 곤충을 많이 볼 수 있다고 해서 소풍 나온 기분으로 부모님이 합류한 상태였다. 촬영이 길어지자 아이는 자연히 힘들어했고 중요한 촬영 포인트에서 좀처럼 집중하지 못했다. 그때 기온은 25도가 넘는 무척 무더운 날씨였는데 탈인형 배우가 탈을 쓰고 산을 내려오는 촬영을 하고 있었기 때문에 여러 번 진행할 수가 없었다. 나도 마음은 조급해지는데 아이가 계속 집중하지 못하자 단호해질 수밖에 없었다.

"탈인형 배우님 힘든데 ○○이가 열심히 촬영하지 않으면 곤란해" 하고 얘기했더니 아이가 배가 아프다고 해서 촬영이 중단되었다. 친근하던 담당 PD가 엄하게 얘기하니 아이는 위축되었던 모양이다. 초조한 마음으로 아이를 기다리는데 결국 아무래도 촬영을 못 하겠단다. 그쯤 되니 차라리 다른 아역배우와 빠르게 진행하는 방법이 나을 것 같아 알겠다고, 병원에 가라고 했다. 그런데 10분 후 그 아이가 다시 촬영을 하고 싶다고 했다.

그러면 빨리 다시 들어와 참여하라고 했다. 알고 보니 그 남자아이는 그날 정말 몸이 좋지 않았는데 같이 촬영하는 여자아이에게 첫눈에 반해서 멋지게 보이고 싶은 마음에 아프지만 참고, 해보려 했다는 속사정이 있었다. 웃음이 나기도 하고 어이가 없기도 했던 잊히지 않는 촬영 에피소드다.

촬영장에서 제작진이 아이들에게 종종 하는 이야기가 있다.

"너희 앞으로 세계적으로 유명한 가수나 배우가 돼도 우리 잊으면 안 돼~!"

이렇게 말하는 데는 꽤 타당한 근거가 있다. 뉴진스의 멤버 혜인이 EBS 〈생방송 톡!톡! 보니하니〉에 출연했었고, 〈오징어 게임〉에 나온 배우 김시은은 내가 조연출로 일했던 〈생방송 판다다〉의 주인공이었다. 배우 신세경 역시 〈딩동댕 유치원〉이 배출한(?) 스타다. 엄청난 커리어의 스타들이 이곳을 거쳐갔기에 아이들을 한 명 한 명 붙잡고 '나를 잊지 마'를 주입한다. 아마 다들 곧 다양한 플랫폼과 프로그램에서 만나게 될 거라 함께할 시간이 짧다는 생각에 벌써부터 섭섭한 마음이 들기도 한다.

아역들과 촬영을 하면 아이들이 자라는 모습을 실시간으로 볼 수 있다. 물리적으로 키가 10cm씩 자라거나 몸집이 커지기도 하고 얼굴 생김새나 분위기가 바뀌기도 한다. 내면적으로는 연기의 변화가 보이는데, 대사 치는 타이밍이나, 시선을 두는 방법, '컷' 하기 전 적당히 끌어주는 센스까지 다양한 성장을 보여준다. 성인과 일할 때는 느낄 수 없는 특별한 지점이고 그런 변화를 볼 때 내가 아이들과 함께 성장하고 이뤄낸 듯한 기분이 든다. 아이들의 이 특별하고 소중한 시간에 함께할 수 있다는 기쁨과 보람, 어린이 프로그램 제작 PD만의 특권이 아닐까.

사랑에 빠진 아역 배우의 복통 투혼 열연

타들어가는 담당 PD의 마음

Part 3

이어서 방송됩니다

우리는 〈딩동댕 유치원〉 졸업생이다.
사실 요즘 부모는 〈딩동댕 유치원〉 졸업생인데
아이들은 아닌 경우가 많다.
하지만 아이들이 조금은 덜 자극적이고
조금은 더 교육적인 내용의 콘텐츠를 여러 플랫폼에서
즐기길 바라는 마음으로 또 도전해본다.

자랑스러운
〈딩동댕 유치원〉 졸업생

김정재

우리는 〈딩동댕 유치원〉 졸업생이다. 1980년대 이후 출생한 대한민국 보통의 어린이들은 대부분 〈딩동댕 유치원〉 졸업생일 것이다. 그래서 2025년 현재 아이를 낳아 기르는 평균 나이대의 부모는 아이들과 함께 〈딩동댕 유치원〉을 공유하는 세대다. 그런데 사실 요즘 부모는 〈딩동댕 유치원〉 졸업생인데 아이들은 아닌 경우가 많다. 유튜브 콘텐츠를 포함해 어린이 프로그램이 다양하고, 스트리밍 OTT 채널 시청도 늘었기 때문이다. 거기에 더해 아이들의 과다한 미디어 시청을 걱정한 부모들이 '미디어 다이어트'로 콘텐츠 소비를 제한하기도 한다. 그래서 보통 미디어 콘텐츠를 영어 교육에 한정해서 소비하는 경우가 많다. 영어 교육에 진심인 서울 강남권 등 특정 지역 아이들은 〈딩동댕 유치원〉을 아예 모르기도 한다. 확실한 〈딩동댕 유치원〉의 위기다.

　미국의 〈세서미 스트리트〉는 1969년에 소외 계층 아이들을 위해 시작되었다. 당시 미국 어린이 프로그램은 대놓고 상표를 이야기하며 "부모님께 투시롤Tootsie Roll°을 사달라고 하세요" 외쳤다. TV 시청 시간이 절대적으로 긴 시대였다. 특별히 할 일이 없는 소외 계층 아이들은 더했다. 성인·유해 콘텐츠에 노출된 아이들은 맥주 버드와이저 광고 음악을 외워서 불렀다. 〈세서미 스트리트〉는 아이들만을 위한 프로그램이 절실할 때 등장한 프로그램이었다. 재치 있는 인형 캐릭터의 출연과 편안함을 느낄 수 있는 교육적인 내용으로 부모와 아이가 함께 시청했다. "친구들은 서로 다른 것을 좋아할 수 있어요(Friends can like different things from one another)"라는 슬로건과 같은 의식으로 꾸준히 다양성을 강조해왔다. 55시즌이 방송될 동안 같은 캐릭터가 등장해 몇 세대가 같은 추억을 공유하기도 한다.

　〈딩동댕 유치원〉도 교육공영방송의 본질에 맞게 어느 자본에도 간섭받지 않고 아이들만을 위한 콘텐츠를 목표로 해왔다. 자극을 뺀, 재미있는 양질의 배움터가 되고자 했다.

　　○　미국의 초콜릿 캐러멜 상표

대체할 수 없는 아이들의 친구였다. 그런데 여러 가지 이유로 〈딩동댕 유치원〉 졸업생이 점점 줄어든다면 〈딩동댕 유치원〉도 그 문을 닫을 수밖에 없다. 자본의 간섭이 없는 만큼 지원도 없고, 제작비의 대부분인 방송통신발전기금 역시 줄어들고 있기 때문이다. 물론 어떤 콘텐츠이든지 아이들이 양질의 배움을 얻을 수 있고 공유하며 즐길 수 있다면 〈딩동댕 유치원〉이 아니어도 된다. 하지만 스마트폰도 OTT도 없는 어린이까지도 함께 보고 즐길 수 있는 프로그램은 〈딩동댕 유치원〉뿐이기에 문을 닫지 않을 방법을 찾아야 한다. 시간이 얼마 남지 않았다.

나는 2023년까지 〈딩동댕 유치원〉을 연출하고 2024년에는 어린이 드라마 〈안전초코 핫초코〉를 연출했다. EBS에서는 드라마 제작 기회가 많지 않은데, 어린이를 위한 드라마를 제작해보고 싶은 열망이 컸던 터였다. 그리고 2025년에는 다시 〈딩동댕 딩동댕〉으로 복귀했다. 사실 나는 어린이 프로그램 전문가는 아니다. TV 프로그램 연출을 하려고 입사했고 잇따른 경로가 나를 어린이 프로그램 연출로 이끌었다. 한데 몇 해를 거듭하며 어린이를 더 이해하려고 하고 더 즐겁게, 재밌게 하려고 하는 마음이 나를 전문가로 만들어준다고 믿고 있긴 하다. "아주 좁은 분야에서 가능한 모든 실수를 저질러 본 사람이 전문가"라고 물리학자 닐스 보어가 말했다. 조금은 엉성하고 부족해도 열정을 가지고 다양하게 프로그램을 제작하고 있다. 그 모든 도전이 〈딩동댕 유치원〉을 보는 아이들뿐만 아니라 나도 성장하게 했다.

다양한 장르, 포맷, 플랫폼에서 실험을 거듭하는 가운데 지금 아이들에게 가장 필요하다고 내가 생각하는 주제는 '문제의식 기르기'이다. 어떤 주제, 상황, 관계에 대해서도 있는 그대로 받아들이지 않고 한 번 더 생각해보고 문제의식을 가질 수 있기를 바란다. 가까이는 왜 친구와 사이좋게 지내야 하는지부터 멀리는 북극의 북극곰을 위해서 왜 플라스틱을 덜 써야 하는지에 대해 탐구하면 좋겠다. 그래야만 '나'를 둘러싼 이 세계를 제대로 살아갈 수 있을 테니까. 물론 어떻게 이 '문제의식 기르기'를 전달할지는 크나큰 고민이다. 어린이 프로그램 전문 연출가로 거듭나기 위해서 끊임없이 고민하고 도전하고 실수한다는 마음으로 임할 것이다. 그동안 우리 〈딩동댕 유치원〉이 잘 버텨줄 수 있을지 모르겠다.

사실 〈세서미 스트리트〉도 〈딩동댕 유치원〉과 같은 이유로 자금난을 겪고 있다. 그나마 지난 몇 년간 투자해왔던 '워너 브라더스'가 2024년 12월 계약 해지를 통보했고 다른 투자처를 찾고 있다는 기사가 보도되었다. 이에 제작진은 요즘 아이들이 공감하지 못하는 기존의 몇몇 캐릭터의 출연을 줄이고 새로운 캐릭터와 주제로 접근하기 위해 노력할 계획이

라고 한다.°

〈딩동댕 유치원〉 역시 살아남기 위해 변화하고 있다. 요즘 어린이 시청자가 가장 좋아하는 유튜브 콘텐츠에 맞춰 유튜브 스타일을 딩유[∞]에 도입해보려고 한다. 아이들 인식이 점차 공들여 찍은 영상, 즉 레거시 미디어의 문법은 올드하고 재미없는 콘텐츠로 생각하고 가볍고 빠른 속도의 유튜브 스타일 영상을 친근하게 여겨 좋아한다고 하니 정말 새로운 제작 방식을 시도해야 하는 시점이다. 방송국에서 유튜브 스타일을 잘 만들 수 있을지 그냥 따라 하는 것으로만 보이지는 않을지 걱정이 앞서긴 한다. 하지만 아이들이 조금은 덜 자극적이고 조금은 더 교육적인 내용의 콘텐츠를 여러 플랫폼에서 즐기길 바라는 마음으로 또 도전해본다. 그래야 계속해서 우리 아이들이 딩유로 아침을 시작하고 자랑스러운 〈딩동댕 유치원〉 졸업생이 될 테니까.

○ 다행스럽게도 〈세서미 스트리트〉는 가입자가 3억 명 이상인 넷플릭스와 배급 계약(2025년 5월)을 맺어 역대 가장 많은 시청자를 만날 예정이다.
∞ '딩동댕 유치원'의 줄임말

어린이도
철학 할 수 있어!

이지현

얼마 전 오프라인 서점에서 베스트셀러 서가를 보고 꽤 놀랐다. 《마흔에 읽는 쇼펜하우어》, 《철학의 쓸모》, 《니체의 인생수업》 등이 베스트셀러 목록을 차지하고 있었다. 철학책이 베스트셀러라고? 그 안의 목차들을 살펴보니 과잉, 결핍, 불안, 고통, 욕망 등 부정적 감정의 근원을 들여다보고, 행복과 충족을 얻기 위한 인생의 지혜를 철학에서 찾고자 하는 내용들이었다. 철학서가 자기계발서로 재발견된 느낌이었다.

'라떼는'이 되어버린 나의 고등학교 시절, 대학에서 철학을 전공하겠다고 하면 입시 점수가 안 나와서 어쩔 수 없이 선택하는 것처럼 여겼다. 하지만 당시 나에겐 고등학교 윤리 시간에 배웠던 철학이 상당히 흥미로웠고, 좋아했던 연출가가 철학과 출신이라는 살짝 소녀적인 낭만도 더해져서 나는 소신껏 철학과에 지원했다. 그리고 지원한 대학교에서 조금 일찍 합격 연락을 받았을 때, 그 소식을 들은 어느 선생님은 반 전체 친구들 앞에서 "철학과 졸업하면 손가락 빨고 살거나, 철학관(점집) 차리는 거다"라며 공개적으로 모욕감을 주었다. 그 정도로 사회적 감수성이 떨어지는 시대였다. 그리고 '철학이 부족한 시대'였다.

소신껏 패기를 부렸지만, 현실은 소녀적 낭만을 지켜주지 않았다. 대학에서 철학 수업을 듣는 순간, '와, 이건 진짜 인간이 지구의 핵을 뚫을 기세로 한 화두를 파고들어야 하는 일이구나' 하고 느꼈다. 하이데거를 사랑한 교수님의 거의 신들리신 듯 영어, 독일어, 한국어를 오가는 강의와 아무리 이해하고 싶어도 못 했던 과학철학의 무수한 숫자들. 내가 평생의 업으로 이 학문만 하기에는 적성(또는 능력일 수도)에 맞지 않는다고 판단했다. 그리고 오히려 복수전공으로 했던 언론학 점수가 나의 평균 학점을 구해준 웃픈 사실. 하지만 철학을 전공한 걸 후회하지는 않는다. 대학 4년간 철학을 배우면서, 그래도 니체와 종교철학의 유·무신론 수업은 내가 진심으로 '재미'를 느껴본 공부였다. 언론이 더 적성에 맞아서 업으로 삼았지만, 지금도 기획 회의를 하다가 어떤 주제가 나오면 내재된 철학적으로 지구의 핵을 뚫어보고 싶어

하는 욕구가 불쑥불쑥 올라오곤 한다.

'왜?'

철학은 나에게 '왜?'라는 질문을 하는 방법, 또는 '왜?'라는 질문이 얼마나 내 삶과 시대에 '필요한' 일인가를 알려주었다. 결국 핵을 뚫지 못하고 끝나더라도, 내가 뚫은 '거기까지'만이라도 유용한 진보라는 것. 철학은 철학관에 있는 것이 아니라, 인간의 일상 속에 있어야 한다는 것. 서점에 베스트셀러가 된 철학서들이 유독 반가웠던 건, 드디어 우리의 일상에서 철학을 발견한 것 같아서였다. 한두 명의 고매한 학자가 아니라, 수많은 대중이 '왜?'라고 질문을 던지고, 그 답을 철학에서 구하려고 한다. 드디어 '철학이 필요한 시대'다.

시가 경험하고 상상하고 표현하는 문학 교육이라면, 철학은 의문하고 사유하고 보편적 진리를 찾는 인문 교육이다. 내가 믿는 보편적 진리가 나의 기준이 되고, 거기서 나의 주장이 나온다. 미래의 아이들은 표현도 하지만 주장도 하는 인간이어야 한다. 주장을 하려면 자신의 기준이 있어야 한다. 그 기준을 찾고 세우는 철학을 아이들 역시 일상에서 숨쉬듯 할 수 있길 바란다. 그렇게 할 수 있다면, 물질적인 것을 삶의 목표로 두는 것이 아니라, 고리타분한 표현이지만 '자기 삶의 주인'인 성인으로 성장할 수 있을 것이다. 내가 원하는 것을 알아야 한다는 말을 쉽게 하고 쉽게 듣는다. 적어도 내 경험치로는 그 일은 절대 쉽지 않다. 무수히 부딪히며 경험하고 질문을 던져 자기만의 답을 구해야만 얻을 수 있다. 철학은 그러한 사유의 과정을 가능하게 한다. 어렸을 때부터 철학적 질문을 던져보고, 생각해보고, 자신만의 답을 찾는 '어린 철학자'를 만드는 프로그램을 언젠가 기획하고, 제작하고 싶다.

인간이 자신의 권리를 논리적으로 주장하고 획득할 수 있는 단계까지 가는 것, 그에 앞서 자신이 무엇을 원하는지 아는 것, 또 그에 앞서 자신이 누구인지 아는 것, 그 모든 것을 위하여 우리는 철학 해야 한다. 질문해야 하고, 생각해야 한다. 실은 어려운 일이 아니지만, 신자유주의 경제체제에 기반한 효율과 수월성, 성과와 평가 중심의 교육 시스템이 아이들에게서 빼앗아간 아주 치명적인 '기능'이고 '권리'다. 하지만 인간은 이 기능이 작동하지 않으면, 명백히 불행해진다.

《린치핀*Linchpin*》이라는 책에서 저자 세스 고딘은 AI가 불러오는 변화의 시대에 절대 대체할 수 없는 인간으로 사는 방법을 이야기한다. 공장의 부품 같은 노동자와 변화와 가치를 주도하는 인재의 차이를 설명한다. 아이들을 인재로 키워내기 위해서는 아이들에게 "네", "아니요" 단 두 가지로만 대답할 수 있는 질문만 던지면 안 되고, 대답이 무한대의 가지를 뻗을 수 있는 질문을 해야 한다. 그러나 여전히 학교에서는 우리 모두가 그랬듯, 지금의 아이들 역시 이미 정답이 정해진 문제들에 파묻혀 '정답'을 익히는 데 20년 가까이 몰두한다. 정답 없는 질문이 낯설고, 비효율적이라 여기는 교육을 받고 있다. 하지만 새로운 시대에는 '아직 정답이 나오지 않은 질문을 스스로 던지고 그 답을 찾으려는 연습'을 해야 한다. 그래야 대체가 불가능한 창조적 인간, 바로 '린치핀'이 될 수 있다. 그러지 않으면, 평생 지시에만 따르는 '공장의 부품'으로 살 뿐이다.

내 주변의 많은 부모는 여전히 '헬조선'을 말하고 불안해하며, 그 안에서도 내 아이를 어떻게 잘 키워내야 할지 고민한다. 너도나도 시키는 경쟁적 사교육은 절대 사그라지지 않는다. 나 역시 종종 그 속에서 길을 잃기도 한다. AI 시대에 '핫한 직업'이 뭘까 고민하면서, 내 아이가 그 직업을 가졌으면 하고 바란다. 사교육 시장이 그 불안을 포착해 코딩학원 열풍을 일으키기도 했다. 마치 그것만 배우면 AI 시대에 인재가 될 것 같은 환상을 품은 부모들. 그러면서도 모순적으로 여전히 자녀를 의대에 보내 의사로 만들기를 열망하는 부모들이 사교육에 열을 올리는 모습들을 보면 방영 당시 큰 인기를 끌며 사회적으로도 두루 회자되었던 드라마 〈SKY 캐슬〉에서 그려낸 사교육에 목숨을 건 사투들이 단지 작가적 상상력의 산물이 아니었고, 현실은 더 독하다는 것을 새삼 느끼게 된다.

과연 내 아이가 학교와 학원에서 배우고 있는 것과 지금 내가 아이에게 하라고 강요하는 것들은 공장의 부품 같은 노동자를 만드는 교육이 아니라고 자신할 수 있을까? 아무도 묻지 않은 질문 또는 아직도 답을 찾지 못한 질문으로 눈을 돌리고, 그 답을 찾으려고 두뇌 회로를 돌리고, 행동이 필요하다면 과감히 거친 황야로 나아갈 수 있는 아이를 키우는 교육. 그런 교육을 위해서 나 자신이 부모로서 경로를 이탈하지 않을 단단한 의지. 바로 거기에 가장 필요한 것, 바로 철학. 철학이 지금 우리에게 있는가.

2023년 기획 아이디어를 모으던 중 우연히 읽게 된 어린이 철학책들은 '언젠가' 만들어보고 싶었던 나의 꿈, 어린이 철학 프로그램 제작에 큰 영감을 주었다. 에스파냐 작가 엘렌 두티에가 쓴 《왜 하면 안 돼요?》[○]라는 책은 각 페이지가 생각을 뒤집게 하는 한 장의 강렬한 그림과 질문들로 채워져 있다. 이를테면 아이들이 대수롭지 않게 해오던 '개미를 죽이는 행동'에 대해 그 의미를 사유해보도록 하는 질문들이다.

○ 엘렌 두티에 지음, 다니엘 마르타곤 그림, 어린이철학연구소 옮김, 마루벌(2024)

개미나 벌레를 죽인 적이 있나요? 왜 그랬나요?

만약 개미가 먼저 아이를 물었다면, 개미를 죽여도 괜찮을까요?

개미를 죽여도 괜찮을 때가 있을까요? 언제요?

몇 마리나 죽여도 될까요? 개미들도 아픔과 무서움을 느낄까요?

둘째 아이와 가장 오랜 논쟁했던 주제는 냄비에 담긴 고양이국을 가족들이 나눠 먹는 그림과 질문들이었다.

닭국과 고양이국은 다를까요?

고양이국을 먹어 본 적이 있나요? 생각만 해도 속이 울렁거리나요? 왜요?

닭 요리를 먹으려면 닭을 죽여야 해요. 닭을 먹는 것은 닭을 죽이는 것과 같은 걸까요?

고기를 먹으면서 동물들에게 미안한 마음이 들었나요? 왜요?

행복하게 살고 있는 동물을 잡아먹는 것이 힘들게 사는 동물을 잡아먹는 것보다 나쁠까요? 왜요?

동물 말고 사람을 먹는 건 더 나쁜가요? 왜요?

책 속 가득, 꼬리에 꼬리를 무는 '왜요?' '왜요?' '왜요?'

사실 어른도 답하기 어려운 질문들이지만, 정답이 없는 질문에 자신만의 답을 찾는 연습을 하기에 너무나 탁월하게 좋은 책이었다. 외계인이 나타나 인간을 포함한 지구 생명체들을 철창에 가둔 상황, 부모가 씻기 싫어하는 아이를 억지로 씻기는 상황, 의사 가운을 입은 커다란 쥐가 아이들을 생체실험 하는 상황, 아이들을 어른이 묶어 놓고 벌주는 상황 등등. 각 페이지마다 있는 그림으로 각 상황을 이해하고, 하루에 하나씩 아이와 질문에 답해보며 이야기를 나누었다. 그리고 확신했다.

'어린이도 철학 할 수 있어!'

철학은 너무 어렵고 지루한데, 어떻게 어린이 프로그램으로 만들겠냐, 성인 프로그램에서도 잘 다루지 않는 주제를 구태여 왜 어린이 프로그램에서 하냐고 반문할 수도 있다. 하지만 오히려 철학은 어린이부터 시작해야 한다. 철학은 어느 날 갑자기 저절로 할 수 있는 일이 아니다. 매일 '왜?'라는 질문을 던지고 깊이 생각해서 나의 답을 말로 뱉어야 한다. 그렇게 '연습'해야만 어른이 되어서, 숨 쉬듯 일상적으로 철학 할 수 있다.

종종 훗날의 나와 아이들의 삶, 훗날 내가 만들 프로그램을 상상하면서, 가장 많이 드는 생각은 '이게 맞나?' 하는 의심이다. 인간이라면 선택과 회의를 수백만 번쯤 할 수밖에 없고, 그 과정에서 요즘 철학서를 베스트셀러로 만들어준 인간의 욕망, 고통, 불안 같은 감정들이 생겨나 흘러넘친다. 나 역시 그 감정들로 흔들릴 때마다 한 가지 다짐을 했다. 나는 나로서 흔들리더라도, 타인 때문에 흔들리고 싶지는 않다는 것. 내 기준이 명확하고 굳건하게 서 있다면 흔들릴 이유가 없다. 그럼에도 그렇게 매일 흔들리는 감정들을 다잡는 것은 흡사 외줄타기 같아서, 외줄에서 떨어지기 십상이고 고행에 가깝다. 그 고단한 수행을 하기 위해 나는 나의 일상 속에서 매일 철학 하고 있다. 나의 두 어린 철학자들과 함께. 내가 언젠가 선보이리라 소망하는 프로그램 '어린 철학자'를 기획해보며.

솔.직.히.
나는 이 일을 계속할 것인가?

이지현

한 강연에서 사회자가 나에게 물었다.

"PD가 되고자 하는 후배들에게 어떤 조언을 해주고 싶으세요?"

그 질문을 듣는 짧은 순간이었지만, 양심에 손을 얹고 생각했다. 유아 프로그램 PD로서 후배 PD들에게 자신 있게 유아 프로그램 제작을 해보라고 할 수 있을까? 나는 그 강연 날도, 지금도 마찬가지로 '자신 있게' 이 길로 발을 디뎌보라고 할 수가 없다. 그래서 솔직하게 답했다.

"초저출생 국가잖아요. 게다가 지상파 방송은 위기죠. 그러면 이 두 가지 요인이 합쳐진 유아 프로그램은 거의 멸종 위기라고 생각하거든요. 그래서 후배들에게 유아 프로그램을 하라고 하는 게 맞는 것인지 모르겠습니다."

지금 당장은 내 아이들을 생각하면서 보람을 찾으며 프로그램을 제작하지만, 사실 나 역시 폐광 위기에 놓인 탄광의 광부로 살고 있는 느낌이다.

'그럼에도 불구하고' 사람이 일을 하도록 움직이는 동력은 결국 항상 '그럼에도 불구하고'라는 주문 같은 말의 힘이다. 힘들고 더럽고 모욕적이고 희망이 없어 보여도, '그럼에도 불구하고' 내 가족 때문에, 내 자아 만족감 때문에, 내 안의 수많은 이유로 사람들은 일한다. 나 역시 굳이 이 멸종 위기의 영역에서 일하고 있는 것은 '그럼에도 불구하고' 내가 가고자 하는 길이고, 아직 해보지 못한 시도들이 남아 있기 때문이다. 참 좁은 길이지만 꾸준히 한 길을 파다 보니, '이제 다 팠네'가 아니라 '파면 팔수록 더 팔 곳이 있네'인 신기한 상황을 경험하고 있다.

2009년 BBC 어린이 채널 C비비스^{CBeebies}의 유아 프로그램 〈베드타임 아워$^{Bedtime\ Hour}$〉 중 '발견하고 해보기$^{Discover\ and\ Do}$' 코너에서는 메인 진행자를 세리 버넬로 세웠다. 그녀는 선천적 기형으로 오른쪽 팔의 팔꿈치 아랫부분이 자라지 않은 장애인이다. 연극배우로도 활동하던 그녀는 오디션에서 1,000대 1의 경쟁률을 뚫고 이 코너의 진행자로 낙점되었다. 〈딩동댕 유치원〉에 휠체어를 탄 지체 장애 어린이와 다운증후군 어린이가 출연한 적은 있었지만, 프로그램의 고정

메인 진행자로 장애가 있는 성인을 세울 수도 있다는 생각을 해본 적은 없었다. 그야말로 장애로 경계를 가르지 않고, 사람의 재능만을 보고 출연자를 선택한 것 같았다. 세리 버넬이 처음 진행자로 출연했을 때, 영국에서도 많은 항의가 있었다. 그러나 언론은 그녀를 옹호하는 기사를 냈다. 〈가디언 The Guardian〉은 "TV 속 장애인을 받아들이지 못하는 것은 아이들이 아닌 부모들"이라고 질타했다. 그리고 세리 버넬 역시 매체와 인터뷰에서 이렇게 자신의 입장을 밝혔다.

"이런 차별은 우리 삶의 모든 영역에서 벌어지는 일상적인 투쟁의 한 종류일 뿐이에요. 난 이런 생각과 태도를 지닌 사람들이 있다는 걸 알게 되어 반가워요. 7년 전 배우가 될 때도 장애인이 어떻게 연극을 하느냐는 사람들이 많았어요. 하지만 아이들은 장애인인 제게서 오히려 많은 걸 배울 수 있으리라 믿어요. 내 프로그램을 본 부모들이 제 덕분에 장애에 대해 아이와 이야기할 기회를 갖게 된다면 기쁜 일이죠."

그리고 2021년 C비비스에서는 다운증후군을 가진 메인 진행자 조지 웹스터를 채용한다. 그는 〈가디언〉과의 인터뷰에서 말했다.

"왜 우리는 영웅이 될 수 없나요?(Why can't we be the hero?)"

그의 질문 같지만, 실은 질문이 아니라 답변인 이 문장이 내가 아직 넘지 못한 편견의 벽을 망치로 내리친 것 같았다. 〈딩동댕 유치원〉에 자폐 아동 캐릭터 별이를 처음 등장시키고 나서 몇 개월 후에 〈세서미 스트리트〉의 캐릭터 줄리아의 인형 연기자 스테이시 고든이 실제 자폐 스펙트럼 장애가 있는 아들을 키우는 엄마였다는 것을 알게 되었다. 그리고 그녀의 인터뷰를 접했다.

"제가 그 역할에 참여하지 않았더라도 이 캐릭터는 여전히 저에게 세상과 같은 의미입니다. 줄리아는 중요하고, 제가 줄리아를 경의와 존중, 현실로 대하는 것이 중요합니다. 줄리아에게는 진정성이 필요하고 그래서 자폐에 대한 경험이 있는 인형 연기자를 찾는 〈세서미 스트리트〉에 대한 존경심이 큽니다. 자폐증 커뮤니티의 한 엄마로서 자폐 캐릭터가 현실적으로 표현되는 걸 보고 싶으니까요."

자폐 스펙트럼 장애에 대한 경험이 있는 인형 연기자를 찾는 〈세서미 스트리트〉의 노력, 그렇게 해서 캐릭터가 조금 더 '현실'에 가깝게 표현될 수 있도록 하는 것. 당사자성을 실현하려는 시도가 가능한 여건이 너무나 부러웠다.

한국에서도 한때 꽤 인기를 누렸던 영국 애니메이션 〈토마스와 친구들〉에서도 아홉 살 자폐 아동 엘리엇 가르시아가 직접 자폐 스펙트럼을 지닌 기차 캐릭터 '브루노'의 목소리 연기를 했는데, 이런 해외 방송의 시도와 노력들을 알게 되면서, 부러움과 함께 부끄러움도 점점 커졌다. '열악한 여건이지만, 나도 뭔가 더 별이가 자폐 아동의 실제 현실에 가깝게 표현될 수 있는 방법을 찾을 수 없었을까.' 아직 해보지 못한 시도가 남아있는 것인지 고민하게 되었다.

2016년에 시작된 '#토이라이크미Toylikeme 캠페인'도 수많은 다양성을 가진 아이들이 시장과 매체에서 '자신과 닮은 캐릭터'를 얼마나 만나고 싶어 했는지를 보여주었다. 이 캠페인은 청각 장애가 있는 프리랜서 작가 레베카 앳킨슨, 시각장애가 있는 자녀를 둔 카렌 뉴웰, 마비 장애가 있는 자녀를 둔 청각 장애 작가 멜리사 모스틴 등 영국 여성 세 명이 뜻을 모아 시작했다. 당시 트위터(현 X)와 페이스북을 통해 장애 아동 부모들이 참여하면서 널리 확산됐다. 또 영국의 장난감 업체인 메이키즈MAKIES가 3D프린터로 장애 인형을 만들며 캠페인에 동참했다. 메이키즈의 최고 기술 책임자CTO인 매튜 위긴스는 "인형을 출시한 지 단 며칠 만에 새로운 인형을 추가해달라는 고객들의 요청과 제안이 수백 건이나 들어와 놀랐다"라고 말했다. 그 후, 레고LEGO도 휠체어를 탄 인형을 출시했다.

'바비' 인형으로 유명한 미국의 장난감 제조 기업 마텔Mattel 역시 2024년에 바비 탄생 65주년을 맞아 다양한 피부색과 모발, 체형 등을 지닌 바비 인형을 출시한다는 기사를 정명 작가가 보내와 접했다. 새로 출시된 바비 인형 중에는 휠체어를 타거나 다운증후군, 백반증을 앓기도 하고, (체격이 큰) 플러스 사이즈 바비나 성별을 나타내지 않는 성 중립 Gender Neutral 바비도 있다.

바비는 본래 금발 머리에 흰 피부, 길게 뜬 눈을 가진 마텔사의 시그니처 인형으로 1959년 마텔의 창업자 루스 핸들러가 딸 바버라에게 영감을 받아 개발했다. 그러나 현대에 들어서며 점차 바비의 비현실적인 체형과 외모, 고정된 성 역할이 비판을 받게 되었고, 마텔은 다양한 목소리를 청취하며 적극적인 개선 의지가 보이는 행보를 이어갔다. 이제는 '바비' 하면 떠오르는 금발 머리의 전형적인 백인 인형 외에도 드레드 헤어를 한 흑인 인형을 비롯해 총 35가지의 피부색에 97가지의 헤어스타일, 9가지 체형을 가진 다양한 인형들을 만나볼 수 있다.

마텔의 인형 디자인 책임자 킴 컬몬은 인터뷰에서 "우리가 디자인할 때 가장 중요하게 생각하는 것은 모든 종류의 커뮤니티에서 자문을 받는 것"이라고 말했다. 마텔사는 또한 청각 장애 인형의 귓속 보청기를 정확하게 구현하기 위해 교육청각학 전문가의 조언도 구했다. 회사의 자문에 응한 젠 리처드슨 박사는 "18년 동안 청각 장애인들의 권익 옹호를 위해 일해온 교육청각학자로, 청각 장애를 가진 어린이들이 인형을 통해 자신의 청각 장애를 실감하는 것을 보며 매우 감격스러웠다"라고 소감을 밝혔다. 마텔사의 바비 인형 사업부 사장 리사 맥나이트는 "어린이들이 인형을 통해 거기에 반영된 자신을 돌아보고, 자신과 닮지 않은 인형과 놀면서 포용의 중요성을 이해하도록 다독이는 것이 중요하다"라고 설명했다.

여건이 허락한다면 내가 정말 가고 싶은 또 하나의 길은 무한히 다양한 스펙트럼의 아이들을 프로그램에 최대한 사실적으로, 많이 담아내는 것이다. 〈세서미 스트리트〉도, 〈토마스와 친구들〉도, 레고도, 2024년의 바비도 모두 그렇게 진화하고 있다. 나 역시 내가 만드는 프로그램에서 그렇게 진화하고 싶다. '그럼에도 불구하고' 멈추지 않고 싶다. 35가지 피부색, 97가지 헤어스타일, 9가지 체형을 가진 바비 인형도 멈추지 않고, 앞으로도 더 많은 아이의 다양성을 담아내려고 하겠지. 얼마나 내 가슴을 뛰게 한 기사였는지 모른다.

전 세계적으로 보았을 때, 우리나라의 문화 수준은 어디에도 절대 뒤지지 않는다. 'K-컬처'에 대한 자부심을 여기저기서 일상적으로 얼마나 많이 느끼고 있는가. 그런데 왜 장애, 다문화 등 소수자 다양성에 대한 수용은 'K-컬처'에서 여전히 배제되고 있는 것인지 의문이다. 영국, 미국에서는 이런 것들이 시장성이 있는데, 우리나라에서는 시장성이 없다고 판단해서일까? 이런 캐릭터와 내용이 나오면 소비자와 시청자들이 불편해할 거라는 두려움 때문일까? 경제 원리인지, 문화 원리인지, 아니면 둘 다인지 알 수가 없다. 다만 나는 이 문제가 시장성 너머의 정당성, 사전적 의미로 '사리에 맞아 옳고 정의로운 성질'로 판단해야 할 일이라고 믿는다. 물론 자본주의 사회에서 대부분의 일들이 시장성으로 움직이지만, 그중에는 언제나 정당성을 지향해야 하는 일들이 분명히 존재한다고 믿는다.

'그럼에도 불구하고'.

"재밌나요?"

김정재

"재미있어?"

"아…… 그렇게 재미있지는 않고 힘들지만, 열심히 하고 있습니다."

"아니, 정재 PD 말고, 프로그램 재미있냐고."

"아…… 네, 시청자들이 재밌게 봐주면 좋겠네요. 하하하."

우리 회사 어느 부장님은 엘리베이터에서 만나면 항상 재미있냐고 물어보셨는데 질문에 주어가 없어서 무심결에 내 기분 상태를 말하곤 했다. 프로그램을 기획하는 단계에서 늘 그 대화가 생각나서 피식 웃게 된다. 사실 프로그램에서 가장 중요한 부분은 시청자의 관심과 사랑을 얻을 수 있느냐 없느냐이다. 어린이 프로그램 PD로서 아이들이 무엇을 가장 좋아하는지 어떤 것을 보고 싶어 하는지 항상 관심을 가질 수밖에 없다.

그런데 제작자인 '나'의 재미는 중요하지 않은 것일까? 솔직히 고백하자면 내가 재미가 없으면 기획도 재미가 없고 결과물도 재미가 없어진다. '내가 느끼는 재미'를 구성하는 요소에는 여러 가지가 있다.

먼저 가장 중요한, 사람. 함께 일하는 사람들과 '케미'가 잘 맞고 서로의 의견을 존중하며 각자의 관심사를 편하게 공유하면서 웃고 떠들 수 있다면 재미있다. 〈딩동댕 유치원〉을 촬영하며 3층 스튜디오의 조연출, 배우, 촬영 감독, 조명 감독과 4층 부조정실의 PD, 성우, 기술 감독과 음향 감독이 좋은 원고를 바탕으로 좋은 프로그램을 찍기 위해 정말 한마음 한뜻이 될 때가 있었다. 그런 날은 촬영도 너무 신나고 수월하다. 촬영이 끝나고 서로 수고했다며 인사할 때 그렇게 뿌듯할 수가 없다. 쉽게 얻을 수 있는 경험은 아니지만 〈딩동댕 유치원〉을 촬영하는 날에는 그게 가능했다.

제작하는 프로그램의 방향도 재미를 가져다준다. 해야 하는 이야기를 하고, 하고 싶은 이야기를 하는지가 정말 중요하다. 〈딩동댕 유치원〉을 제작하며 예전 동화를 그대로 전해주고, 아이들이 배워야 하는 예의범절만 가르치려고 했다면 내가 2년 동안 한 프로그램만 제작하기는 어려웠을 것이다. 하지만 우리는 항상 새로운 이야기를 찾아냈고, 동시대를 살아가는 구성원들이 알아야만 하는 이야기를 전했다. 열 시간씩 마라톤으로 진행되는 원고 회의는 힘들기도 했지만 서로 말도 안 되는 의견을 내도 함께 조율해가는 과정이 있어 그마저도 정말 재미있었다.

마지막 요소는 제작하는 프로그램의 장르다. 드라마를 진심으로 좋아하기 때문에 항상 드라마 연출을 해보고 싶었다. EBS는 과거에 성인 대상 드라마를 제작한 적이 있긴 하지만 거의 전무하다시피 한데, 어린이 드라마만큼은 꾸준히 제작해왔다. 유아·어린이부 PD의 특권으로 〈딩동댕 유치원〉 이후 〈안전초코 핫초코〉라는 드라마를 제작할 수 있었다. 〈딩동댕 유치원〉에서도 드라마타이즈° 기법을 통해 많은 내용을 전달하지만 그래도 다른 환경의 드라마 제작에 설레었다. 드라마는 한 대의 ENG 카메라로 한 장면을 소수의 출연자와 단출하게 촬영한다. 그러다 보니 어린이 출연자가 연기할 때 곁에 붙어서 지도하고 많은 대화를 나눌 수 있었다. 친밀한 제작 경험이었다.

최근 어린이들 특히 초등학생이 시청하는 미디어 콘텐츠 중에는 유튜브 콘텐츠가 지배적이다. 주변 아이들만 봐도 알

- ○ 뮤직비디오나 CF 등에 드라마처럼 스토리텔링을 더하는 영상 기법으로 감성적인 메시지 전달에 효과적이고 시청자의 몰입도를 높일 수 있다.

수 있지만 실제로 만나서 인터뷰한 많은 아이가 유튜브 외에 다른 플랫폼은 보지 않는다고 답변했다. 그래서 아이들의 수요에 맞춰 현재는 유튜브 향向 콘텐츠를 기획·제작하고 있다. 그런데 문제는 유튜브를 소비하지 않는 PD가 유튜브 콘텐츠를 만들려고 하니 헤맨다는 점이다.

나는 대부분의 콘텐츠를 OTT에서 소비하고 짧은 영상은 거의 보지 않는다. 길고 긴 시리즈 드라마나 영화, 다큐를 좋아하는 사람이다. 콘텐츠를 소비하는 데 맞고 틀리고는 없기 때문에 언제나 나의 취향을 당당하게 밝히는데, 이런 나에게 유튜브는 정말 미지의 세계다. 유튜브 문법이란 무엇일까…… 아이들이 구독하는 유튜버란 어떤 사람들일까……? 끊임없이 고민 중이다.

사실 내가 영감을 가장 많이 받는 매체는 〈뉴욕 타임스The New York Times〉이다. 약간 허세같이 들릴 수 있는데 내 영어 실력이 매우 뛰어나다거나 뉴스 기사를 하나도 빠짐없이 읽는다는 뜻은 아님을 밝혀둔다. 나는 주로 그들이 어떤 뉴스를 골라서 뉴스를 만드는지를 본다. 어떤 지점이 뉴스 콘텐츠로 가치와 매력이 있었을까 생각의 경로를 따라간다. 기사나 팟캐스트 제목은 어떻게 만드는지, 구성과 예시를 어떻게 배치했는지 분석하다 보면 우리 프로그램 만드는 데에도 도움이 된다. 다른 어린이 프로그램에 좋은 예시가 있어서 그대로 가져오면 베끼기에 그친다. 하지만 어떤 재미있는 이야기의 뼈대와 잔가지를 구성하는 방법을 우리 프로그램에 적용하면 언제나 새로움이 나온다고 생각한다.

아마도 PD로 살아가는 한 나는 언제나 고민을 거듭할 것이다. 내가 느끼는 재미와 시청자가 느끼는 재미의 교차점이 무엇일지 탐구하면서 도전해보고 또 도전하게 될 것이다.

"재미있어?" 묻는 말에 "저도, 아이들도 다 재미있습니다"라고 바로 당당하게 대답할 수 있기 위해서.

'움직일래, 지금!' 즐거웠던 촬영을 마치고 출연자, 동료들과 함께

이제
그만하라는 말

이지현

〈딩동댕 유치원〉을 제작하며 3년을 꽉 채우고 4년째로 접어들었던 2025년, 회사로부터 이제 그만하라는 말을 들었다.
"이제 그만하자."
드라마에서 사귀던 연인이 헤어지면서 던질 것 같은 대사를 들었을 때, 처음에는 너무 생경하면서도 전혀 현실감이 느껴지지 않았다. 이래서 사람들이 '꿈인지, 생시인지'라는 표현을 쓰는구나 싶기도 했다. 나민애 교수와 함께 시작한 동시 코너도 시청자 반응이 좋아서 안정세였고, 나 교수가 직접 아이들을 데리고 야외로 나가서 촬영한 '동시 캠프 특집'도 한창 편집 중이었다. 고마운 후배들도 하루 15시간씩 촬영하는 열악한 환경에서 묵묵히 방송을 내보내고 있었다. 무엇보다 1년간 틈틈이 써 내려간 이 책의 원고도 '에필로그'

만 남겨두고, 거의 마무리한 시점이었다. 정말 말 그대로 '망연자실'했다.

그래, 솔직히 내가 먼저 그만하고 싶었던 적도 있다. 노력하는 자가 즐기는 자를 못 따라간다는 말, 즐기면서 일을 해야 성공한다는 말은 거짓이고, 가식이라고 하는 유명인의 강연을 본 적이 있다. 그는 어느 정도 일을 이뤄내려면 죽을 만큼 고통스러울 수밖에 없고, 그 과정을 즐기라는 것은 '다 뻥'이라고까지 표현했다. 사실 나 역시 '이제 그만하라'는 말을 듣는 순간까지 3년은 대상포진, 이석증, 메니에르 증후군, 불면증, 위경련을 번갈아 또는 동시에 달고 살았던 시간이었다. 그건 분명하고, 살아 있는 고통이었다. 그래서 자진해서 그만두겠다고 할까 싶기도 했다. 하지만 그 마음은 내가 그만두더라도, 〈딩동댕 유치원〉이라는 프로그램과 우리 캐릭터들이 죽는 것을 바란 건 절대 아니었다. 우리의 세계관과 메시지에 공감하는 어떤 PD가 구세주처럼 나타나서 이어나가준다면, 그때는 내가 잠시라도 재충전의 시간을 가질 수 있으려나 하고 막연히 바랐다. 하지만 그런 사람이 없었기 때문에 사명감으로 버텼다.

하지만 버틴 시간이 무색하게 〈딩동댕 유치원〉이라는 이름과 우리 캐릭터들은 사라지고, 다른 PD가 다른 캐릭터로 개편한다는 걸 알게 된 후, 새로 발령이 날 때까지 한 달 정도는 제작을 떠날 생각을 했다. 제작일을 하지 않는 부서에 자원해서 가든, 초등학교 1학년이 되는 둘째 아이를 위해서 육아휴직을 하든 유아 프로그램 제작에서 손을 떼는 것이 맞지 않을까 고민했다. 내 새끼 같은 프로그램을 잃었는데, 어딘가 또 발령이 나서 속없이 새로운 프로그램을 바로 키울 자신도, 에너지도 없었다. 번아웃이 왔다. 현실 도피 하듯이 잠을 자도 또 자도 깨기 어려웠고, 출근길 운전하다 눈물이 쏟아지기도 했다. PD지만 결국 회사원이고, 조직의 결정에 따를 수밖에 없다는 상황은 웬만큼 시니컬한 사람이 아닌 한 15년 차여도 익숙해지기 어려운 일이었다.

1982년 시작돼 44년째 자리를 지켜온 〈딩동댕 유치원〉은 〈딩동댕 딩동댕〉이라는 새로운 이름으로 확대 편성됐다. 〈딩동댕 유치원〉에 〈한글용사 아이야〉, 〈최고다! 호기심 딱지〉 등 기존 프로그램을 묶어 총 50분간 이어지는 통합 프로그램을 만들었다. 남선숙 EBS 방송제작본부장은 "기존 어린이 프로그램이 10~15분 길이어서 시청 흐름이 끊기는 문제가 있었다"며 "〈딩동댕 유치원〉을 확장한 형태이며, 추후 짧은 길이가 더 낫다는 판단이 들면 〈딩동댕 유치원〉을 부활시킬 수도 있다"고 설명했다.

—〈연합뉴스〉(2025년 3월 25일, 김경윤 기자), "EBS, 44년 된 '딩동댕 유치원'· 대표작 '다큐프라임' 새단장" 기사 중에서

그렇게, 시청 흐름이 끊기지 않도록 해야 한다는 조직의 판단과 결정으로 딩동샘, 별이, 하늘, 하리, 조아, 마리, 댕구와 샤샤는 '이제 그만하기'로 했다. 부활시켜줄지 모를 '추후의 결정'에 일말의 희망을 걸고.

그리고 쉬어가기를 고민하던 나에게 회사에서는 '번개맨 부활'이라는 새로운 미션을 제안했다. 특수촬영물에는 아무 관심이 없었지만, 기존의 공연 형태가 아닌 어린이 드라마 장르로 〈지구영웅 번개맨〉을 새로 기획해보라는 말에 혹했다. 다시 긴 시간의 고민 끝에 '말하고자 하는 메시지의 그릇이 바뀔 뿐, 나는 내가 하고 싶은 말을 계속하면 된다'라는 결론을 내렸다. 회사를 그만두지 않는 한, 언젠가 마주할 현실이기에 어느 곳을 가든 나의 말 주머니를 지키는 것이 지금 나의 최선이다. 그렇게 정신 승리하고, '중꺾그마(중요한 건 꺾이지만 그냥 하는 마음)'의 정신으로 프로그램을 하기로 했다.

그리고 부족한 제작비로 또 말도 안 되게 판을 벌리고 있다. 번개맨이 주인공이지만 대한민국에 살고 있는 최대한 많은 '우리 아이들'의 이야기를 담고 싶어서. 싱글맘 가정의 아이, 아버지가 육아휴직한 가정의 아이, 조손 가정 아이, 과도한 사교육에 시달리는 아이. 주인공 아이들 다섯 명은 스스로 긍정하고, 성장해나가면서 '마음의 힘'을 키우고, 각자 가지게 된 초능력을 '타인'을 위해 쓰는 법을 터득한다. 그리고 그런 자신이 '진짜 영웅'이라는 것을 깨닫는다.

가장 중요한 번개맨 드라마 대본 작업을 하면서, 우리는 번개맨이 영웅 답게 멋진 대사를 해야 한다면 식상하거나 얄팍해서는 안 된다고 생각했다. 그의 대사는 아이들에게 전하는 어른의 말을 상징하기 때문에, 그저 '포기하지 마라', '할 수 있다' 같은 가벼운 위로와 응원이 되지 말자고, 우리의 철학을 담아내야 한다고. 바로 그 철학이 다른 특수촬영물이나 이전 번개맨과 차별화되는 우리 작품의 색깔과 깊이다. 또 내가 중꺾그마로 새로운 프로그램을 맡기로 결심한 이유이기도 하다.

새 프로그램에서도 함께하게 된 정명 작가가 대본 회의에 가져와 우리 프로그램 대본의 좌표이자, 번개맨 대사에 영감을 주고 있는 동화책《꼭 그런 건 아니야》°에는 이런 말들이 적혀 있다.

"꼭대기에 있다고 해서 떨어지지 않는 건 아니야."
"진심이라고 해서 늘 잘되는 건 아니야."
"끝이라고 해서 그만둔 건 아니야."
"잠시 내려간다고 해서 오르길 포기한 건 아니야."
"남들이 그렇게 말한다고 해서 꼭 따라야 하는 건 아니야."
"꿈 같은 이야기라고 해서 이루어질 수 없는 건 아니야."

○ 매튜 맥커너히 지음, 르네 쿠릴라 그림, 황석희 옮김, 서삼독(2025)

"어둡다고 해서 꼭 밤이란 뜻은 아니야. 해가 졌다고 해서 다시 뜨지 않는 건 아니야. 매일매일은 선물이고, 하나하나가 깜짝 선물이니까."

아이들을 위한 말에 오히려 내가 하루하루 '무거운 위로와 응원'을 받으며 다시 진창에서 빠져나와 조금씩 나아갔다.

그리고 그 나아감에 손 내밀어주듯, 우리는 마지막으로 큰 상을 받았다. 모든 걸 〈딩동댕 유치원〉에서 불태운 그 시간을 보상받는 '깜짝 선물' 같았다. 〈한국방송대상〉 어린이 부문 작품상과 〈한국PD대상〉 실험정신상. 특히 실험정신상은 〈한국PD대상〉의 37년 역사에서 단 한 번도 유아 프로그램에 수여된 적 없는 상이었다. 이렇게 여러모로 장벽이 높은 상을 장르불문한 유수의 성인 프로그램들 사이에서 '실험정신'으로 인정받아서 수상한 것은 정말 '장한 일'이었다. 그리고 프로그램을 잃은 나에겐 그간 힘들게 개척해나갔던 〈딩동댕 유치원〉의 길이 다시 한번 인정받고 긍정하게 되는 순간이었다.

안녕하세요. 〈딩동댕 유치원〉의 이지현 PD입니다.
먼저 〈한국PD대상〉에서 최초로 유아 프로그램이 의미 있는 상을 받게 되어서 너무 감사하고, 감격스럽습니다. '〈딩동댕 유치원〉이 아직도 있었어?'라고 생각하시는 분들도 이 자리에

계실 텐데요. 아직 잘 살아 있고요. 나이가 40이 넘었습니다.

40년이 넘은 〈딩동댕 유치원〉이 '전통보존상' 아니라 '실험정신상'을 받으려면 진짜 쉬지 않고, 많은 실험을 해야 하더라고요. 뒤돌아보면 그 실험의 과정은 나에겐 상식인 것이 타인에겐 상식이 아니라는 것을 수차례 깨닫는 시간이었던 것 같습니다. 그리고 깨달을 때마다 그들의 상식을 이해하지 못해서 화가 나기도 했습니다.

하지만 지금은 내 상식이 맞든, 네 상식이 맞든, 그냥 모든 아이들이 행복할 수 있는 '상식적인 세상'이 되면 좋겠다고 생각합니다. 그래서 이 나라에 이미 태어나버린 아이들이 부디 학대당하지 않고, 차별당하지 않으면 좋겠습니다. 아이들이 그 상황에 익숙해지지 않으면 좋겠습니다. 그러기 위해 모든 어른이 조금만 더 다정하게, 저희 특집 타이틀처럼 '전지적 어린이 시점으로' 아이들을 바라보았으면 좋겠습니다.

마지막으로 제 영감이 되어준 두 아이와 내조왕 남편, 그리고 별난 딸 키워주신 부모님께 감사드리고, 지난 3년 간 700여 편을 기꺼이 함께해준 우리 후배님, 성우님, 감독님, 배우님, 작가님 그리고 우리나라에 마지막 남은 인형 연기자님들 모두 감사드립니다. 유아 프로그램의 가치를 지키기 위해 고군분투해주신 모두의 매일이 제게 기적 같았습니다.

무엇보다 돈도 안 되는 일개 유아 프로가 지금까지 살아남아 사회에 유의미한 메시지를 던질 수 있었던 건, EBS가 70원의 수신료라도 허투루 쓰지 않는 공영방송사이자, 교육방송이기 때문에 가능했습니다.

지상파 위기, 저출생 대한민국에서 유아 프로그램이 멸종하지 않도록 앞으로도 진심을 다하겠습니다.

2025년 4월 9일 〈한국PD대상〉 시상식에서 이렇게 수상 소감을 밝혔다. 이건 '이제 그만하라는 말'에 '끝이라고 해서 그만두지 않고, 잠시 내려간다고 해서 오르길 포기하지 않고, 남들이 그렇게 말한다고 해서 꼭 따르지 않고, 꿈 같은 이야기라고 해서 이루어질 수 없다고 생각하지 않는 나의 진심'이다. 그리고 나는, 곧, 꼭, 이토록 간절한 진심을 또 다른 그릇에 정성껏 담아 아이들을 위해 내어놓을 것이다.

마지막 촬영 날 사진으로 담은 '딩동댕 마을'

이제 우린 모두 딩유 유흘 동기들 —★

〈딩동댕 유치원〉 졸업식

2024년 제51회 〈한국방송대상〉 어린이부문
수상 기념 커피 차 앞에서

2025년 제37회 〈한국 PD 대상〉 실험정신상 수상 후
소감을 말하는 이지현 PD

Epilogue

냉소와 미소 사이

김정재

　냉소적인 사람이 되기는 쉽다. 냉소적인 태도는 생각보다 많은 부분에서 마음을 편하게 해준다. 예를 들면 '어차피 사람들이 요즘은 TV 안 본다는데 열심히 만들 필요가 있나?' 생각한다든지 '어린이들이 유튜브만 본다는데 꼭 교육적으로 제작해야 하나?' 싶은 마음. 이런 마음이 들면 조금 덜 열심히 해도 괜찮다는 생각을 하게 된다. 그냥 원래 해오던 방식과 익숙한 방법으로 프로그램을 제작하게 된다. 그러면 기계적으로 하는 일이니 몸도 편하고 머리도 쉬고 촬영도 일찍 끝날 것이다.
　그런데 애매한 양심은 있어서 마음은 불편하다. 뭔가 열심히 하지 않고 있다는 죄책감도 든다. 그래서 냉소적인 가면 뒤에 숨는다. '어차피……'라는 생각이 잠깐은 마음을 편하게 해주니까. 나 역시 편하고 쉬운 길을 좋아하는 천성이라서 내게도 그런 냉소적인 태도가 어느 정도 배어 있었다고 인정한다. 그래서 '꼭 해야 하나?' 싶은 일이 많았다.

　인터뷰도 그런 일 가운데 하나였다. 프로그램이 큰 인기를 끌거나 색다른 기획을 하면 감사하게도 여기저기에서 관심을 가지는데, 〈딩동댕 유치원〉도 좋은 기획 덕분에 종종 인터뷰 제안이 있었다. 이 책의 공동 저자인 책임 PD 이지현 선배가 많은 부분 담당했지만 그래도 가끔 내가 해야 하는 인터뷰가 있었다. 그러면 왜 그렇게 안 하고 싶고, 미루고 싶은지……. '인터뷰한다고 무슨 의미가 있을까?' 하는 생각이 컸다. 어린이 TV 프로그램의 가치에 대해 제작자인 나조차도 냉소적으로 대하는 부분이 있었기 때문이다.
　그래도 꼭 같이 해야 한다고 해서 진행한 잡지 인터뷰가 있었다. 노숙자의 자립을 지원하기 위해 발행하고 판매하는 《빅이슈》였다. 항상 관심이 있었고 학생 때 판매 봉사를 한 적도 있는 잡지라서 마음이 동했다. 특히 이지현 선배가 〈딩동댕 유치원〉을 연출하는 PD들 다 같이 인터뷰에 참여해보자고 이끌었다. 〈딩동댕 유치원〉 세트에서 인터뷰와 사진 촬영이 진행되었는데 후배 원은서 PD까지 참여해주어서 재미있게 인터뷰를 진행했다. 인터뷰가 끝나고 나서는 너무 말을 많이 했나 싶기도 했다. 그런데 잡지가 나온 얼마 뒤에 문예출판사 이효미 편집자에게 연락이 왔다. 《빅이슈》 인터뷰를 봤다며 〈딩동댕 유치원〉에 관한 책을 내고 싶다고 했다. 계속 냉소적인 태도로 인터뷰에 응하지 않았다면 오지 않았을 보석 같은 기회였다.

그렇게 책 쓰기가 시작되긴 했는데 그 과정은 지난했다. 호기롭게 잘해보자고 덜컥 계약을 해버리고선 나는 새로운 어린이 드라마 〈안전초코 핫초코〉 제작을 맡게 되는 바람에 정말 글을 쓸 시간이 없었다. 책을 낸 경험이 있는 어느 선배 PD는 편집자와 마감 약속을 최대한 잘 지켜야만 책이 나올 수 있다고 조언(?)해주셨는데, 나는 원고 마감 약속을 정말 제대로 지킨 적이 없었다. 책을 출간할 예정이었던 또 다른 선배는 출판사에 계약금을 그냥 돌려주고 계약을 해지했다며 홀가분하게 웃었는데, 나도 진심으로 계약금을 돌려드리고 싶은 적도 있었다.

그럼에도 〈딩동댕 유치원〉에 관한 기록을 남기고 싶다는 생각이 들었다. 〈딩동댕 유치원〉은 몇 년에 한 번 개편을 한다. 그때마다 당시의 시대 가치를 담고, 트렌드를 반영해 새로 단장한 〈딩동댕 딩동댕〉으로 시청자를 만난다. 그동안에도 의미 있고 좋은 기획이 많았고 주어진 여건 안에서 최선을 다해 제작했지만, 우리가 만든 '사회적 감수성 딩유'를 어떤 형태로든 기록하고 싶었다. 나중에 〈딩동댕 유치원〉을 본 어린이들도 이 책을 읽으며 추억하고 어떤 마음을 담아 프로그램을 제작했는지 알아주기를 바랐다. 그런데 사실 책을 쓰면서 〈딩동댕 유치원〉을 만들면서 얼마나 즐거웠는지, 제작진 모두 어떤 열정을 담아 만들었는지, 아이들과 함께 나눈 시간이 얼마나 소중했는지 기억하는 사람은 나라는 걸 깨달았다.

 냉소적인 태도는 쉽게 젖어 드는 대신에 아주 휘발성이 커서 금방 날아가버린다. "요즘 세상에 누가 홈페이지를 이용하냐?"라고 냉소적으로 말하면서도 홈페이지 시청자 게시판에 "딩유만 기다린다" "댕구를 정말 좋아한다" 등의 시청자 의견이 올라오면 그렇게 기쁠 수가 없다. 그리고 아무리 차디찬 냉소도 즐겁고 행복해하는 어린이 시청자의 반응을 보면 어느새 날아가버린다.

 냉소적인 가면 뒤로 숨고 싶어질 때마다 이 책을 꺼내 보고 싶다. 그러면 다시 세상을 향해 계속 따뜻한 미소를 지을 수 있을 것 같다. 〈딩동댕 유치원〉을 보고 자라난 아이들도 머지않은 미래에 이 책을 통해 이 시간을 추억할 수 있기를 진심으로 바란다.

Epilogue

다정하게, 감수성을 지니고, 전지적 어린이 시점으로

이지현

10년 동안 나의 어린이들을 키웠다. 프로그램 제작을 위해 '어린이라는 세계'를 3년간 들여다보았다.
"어린이는 시끄럽다."
"어린이는 무지하다."
"어린이는 짜증 난다."
너무 쉽고 가벼운 말들이 어린이라는 세계를 부수고, 짓밟는 것을 보았다. 잼민이°, 주린이[∞] 같은 비하성 유머로 어

° 신체적으로나 정신적으로 수준이 낮은 사람을 어린이에 빗대어 지칭하거나, 초등학생을 폄하해 부르는 신조어

[∞] 주린이(주식) 외에도 골린이(골프), 요린이(요리) 등이 있다. 어떤 분야의 앞 글자와 '어린이'라는 단어를 합성해 실력이 낮고 미숙한 초보를 뜻하는 말로 쓰이는 신조어

린이를 조롱하고, 혐오하고, 차별하는 것도 보았다. 그러면서도 인구절벽의 미래를 비관하면서 "제발 아이 좀 낳자"라는 수많은 구호도 보았다. 태어난 아이들의 존엄도 지켜주지 못하면서, 태어날 아이를 이야기하는 우스운 '꼴'이었다. 하늘이 사건, 정인이 사건, 천안 계모 트렁크 아동 살인 사건, 양주 태권도 관장 아동 살인 사건, 자녀 살해 후 부모가 자살한 다수의 사건들. 존엄은커녕 학대와 살인으로 그들의 세계가 무너지는 것에 나는 매일 같이 분노했다.

그런 '꼴'을 보면서 우리 사회가, 미디어가 던지는 어린이의 권리, 환대, 연대 등 많은 화두가 진정성이 있는 것인지, 내가 만드는 '교육 방송'은 제대로 가고 있는 것인지 고민했다. 제작비는 턱없이 부족하고, 인력도 변변찮아 가라앉고 있는 지상파 프로그램이지만, 어린이들이 당연히 누려야 할 '자신의 권리'와 지켜주어야 할 '타인의 권리'를 교육하고 싶었다. 그 권리로 그들의 존엄이 굳건해지길 바랐다.

장애가 있는 어린이, 이혼 가정의 어린이, 다문화 가정의 어린이, 성범죄 위험에 노출된 어린이, 남성성 혹은 여성성을 강요당하는 어린이. 세상에 태어난 모든 어린이는 존엄하다. 이 모든 어린이의 존엄을 지켜주는 것이 우리의 의무이자 과제다. PD로서, 엄마로서, 어른으로서 내린 나의 답이다. 내가 어느 곳에서 어느 프로그램에 몸담든, 어떤 역할이 주어지든 상관없이 한결같은 내 과업이다.

"내가 아는 거라곤 다정해야 한다는 거예요. 제발…… 다정함을 보여줘. 특히나 뭐가 뭔지 혼란스러울 땐."

— 영화 〈에브리씽 에브리웨어 올 앳 원스〉° 중에서

다정하게,
감수성을 지니고,
전지적 어린이 시점으로,
그렇게 어린이를 바라보았던 나와 우리의 기억과 기록.

3년을 바라본 어린이는,
어느 시인의 말처럼,

자세히 보아야 예쁘다.
오래 보아야 사랑스럽다.
어린이도 그렇다.

○ 〈Everything Everywhere All At Once〉(감독 및 각본: 다니엘 콴·다니엘 샤이너트, 한국어 번역: 황석희, 2022년 개봉)

Afterword

불가능을 향해
명랑하게 뛰어볼까, 폴짝

나민애
(서울대학교 학부대학 교수)

대한민국 국민은 두 가지 딩동댕을 알고 있다. 하나는 KBS 〈전국 노래자랑〉의 합격 딩동댕이고 다른 하나는 EBS 〈딩동댕 유치원〉이다. 나도 〈딩동댕 유치원〉을 보고 자랐고 어른이 되어서도 보았다. 〈딩동댕 유치원〉은 어린이 프로그램계의 전통적 강호랄까, 레전드이기 때문에 아이를 키우면 자연스럽게 보게 된다. 그리고 애들 좀 키우고 46세가 되던 해 여름, 〈딩동댕 유치원〉의 정명 작가님에게 함께 일하자는 전화를 받았다. 바로 그 전화 한 통으로 많은 것이 달라졌다.

이전의 나는 '보는 것'으로서 〈딩동댕 유치원〉과 '만드는 것'으로서 〈딩동댕 유치원〉이 완전히 다르다는 사실을 몰랐다. 사실 6개월의 자문과 출연을 경험한 지금도 잘 모르겠다. 〈딩동댕 유치원〉이 키웠고 〈딩동댕 유치원〉으로 키운 사람인 나도 이 책을 읽고 나서 알게 되었다. 우리 눈에 보이는 프로그램은 제작진의 '피땀 눈물'이라는 사실을 말이다.

제작 현장은 귀엽고 사랑스러운 캐릭터와 아이들의 즐거운 동산이 아니다. 반대로 그곳은 치열한 고민과 밤샘, 찍고 찍고 또 찍는 무한 반복 루프, 고치고 고치고 또 고치는 수정 작업의 현장이다. 그리고 근거도 없이 근성 있고 받은 것도 없이 열정적인, 조금은 이상하고 이상적이고 이해 안 되는 사람들의 집합체이기도 하다. 그들은 피곤해 보이고 뜨끈해 보였다. 그래서 나는 같이 김밥을 기다리던 그 현장이 아직도 좀 그립다. 서로서로 고쳐주고 알려주고 자기 역할을 하면서 뭔가 거대한 것을 조금씩 만들어갔던 그 묘한 열정은 조금 더 그립다.

"우리 밤 10시 전에 집에 갈 수 있을까요?"

'시샘(시 선생님)'으로 등장하던 나는 테이블 밑에 몸을 숨긴 인형 연기자 선생님들에게 물어보곤 했다. 삼삼, 모모, 동글, 몽글이 캐릭터를 손인형으로 조종하는 그 선생님들은 아주 명랑하게 "불가능하죠"라고 대답해주셨다. 그렇다. 불가능을 이렇게 씩씩하게 말하는 사람들이 모여서 〈딩동댕 유치원〉을 만들었다. 나는 그것이 바로 그들의 세계관이라고 생각한다. 불가능해 보이는데, 남들 다 말리는데, 아무도 안 해보았는데 〈딩동댕 유치원〉 팀은 결국 그 일을 한다. 누가 시켜서가 아니고 '아, 이건 해야 하잖아' 하고 굳이 찾아서 해낸다. 이 무슨 일복인가. 그들은 아이들이 까르륵 웃는 한 장면, 어른들이 무심히 지나치는 한 장면을 위해서도 영혼과 노동력을 갈아 넣는다. 일종의 뚝심이라든가 세계관이 분명하지 않고서는 가능하지 않은 일이다.

'불가능을 꿈꿔보자'는 것은 〈딩동댕 유치원〉의 패러다임이다. 그리고 그건 우리 사회에 반드시 필요한 일의 발견이기도 했다. 동요를 수어로 부르는 수어 동요 코너는 국내 어린이 프로그램에서 첫 시도였고 휠체어를 탄 하늘이, 자폐 스펙트럼을 가진 별이의 등장도 마찬가지다. 작은 혁신이 왜 필요했을까 생각할 때, 이지현 PD의 이 말이 가장 기억에 남는다.

"내 고정관념과 편견을 물려주지 마세요. 그러기 위해서 재교육을 받으세요. 부모도 끊임없이 공부해야 합니다. 저 역시 제가 몰랐던 것을 알고, 이해하고 싶어서 공부하면서 프로그램을 만들고 있습니다."

〈딩동댕 유치원〉 팀은 좋은 어른이자 좋은 부모가 되기 위한 사명을 가지고 있었다는 말이다. 그리고 이 책은 어린이를 위한 사명의 길이 어떠했는지를 적은, 그들의 이정표에 대한 기록이다.

PD님과 작가님은 항상 "시간과 돈을 넉넉히 못 드립니다. 그렇지만 해주세요"라고 말씀하셨다. 그 앞에서 못한다고 할 수 없었다. '우린 불가능하지만 합니다. 어린이를 위해서라면 해야지요.' 이런 생각으로 눈을 이글거리는 그분들이 멋졌기 때문이다. 그러니 같은 분들이 부르신다면 나는 또 가리라.

마지막으로, 〈딩동댕 유치원〉으로 자라 〈딩동댕 유치원〉으로 키운 수많은 부모를 대표해서 필자들에게 이 말을 꼭 전하고 싶다.

"〈딩동댕 유치원〉, 고맙습니다."

1판 1쇄 발행	○	2025년 7월 15일
지은이	○	이지현 김정재
펴낸곳	○	(주)문예출판사
펴낸이	○	전준배
기획·편집	○	이효미 백수미 박해민
디자인	○	박연미
영업·마케팅	○	하지승
경영관리	○	강단아 김영순
출판등록	○	2004. 02. 11. 제 2013-000357호 (1966. 12. 2. 제 1-134호)
주소	○	04001 서울시 마포구 월드컵북로 21
전화	○	02-393-5681
팩스	○	02-393-5685
홈페이지	○	www.moonye.com
블로그	○	blog.naver.com /imoonye
페이스북	○	www.facebook.com/moonyepublishing
이메일	○	info@moonye.com

ISBN 978-89-310-2509-5 03810

○ 잘못 만든 책은 구입하신 서점에서 바꿔드립니다.

문예출판사® 상표등록 제 40-0833187호, 제 41-0200044호